湖南流域文化丛书

总编／贺培育　　副总编／李　斌　郭　钦

澧水流域文化研究

马延炜　李　超／主编

社会科学文献出版社
SOCIAL SCIENCES ACADEMIC PRESS (CHINA)

湖南流域文化丛书编委会

总　　　编　贺培育

副　总　编　李　斌　郭　钦

编委会成员　贺培育　李跃龙　李　斌　郭　钦
　　　　　　　马延炜　杨　乔　张　衢　杨　斌
　　　　　　　毛　健　李　超

主编简介

马延炜 副研究员、历史学博士。本科毕业于西北大学文博学院历史学（基地班）专业，获历史学学士学位，研究生毕业于中国人民大学清史研究所历史文献学专业，先后获历史学硕士和博士学位。现就职于湖南省社会科学院历史文化研究所，兼任湖南省历史学会常务理事。主要研究方向为清代学术思想文化史、历史文献学。主持国家社科基金项目1项、湖南省社科基金项目3项；出版学术专著2部（独著或第一作者）；在《光明日报》《安徽史学》《社会科学战线》等报纸杂志发表论文30余篇，并被人大复印报刊资料等全文转载多篇。

李　超 助理研究员、历史学博士。先后就读于宁波大学、四川大学、中山大学，2017年获得中山大学历史学博士学位。后入职湖南省社会科学院历史文化研究所，主持国家社科基金项目1项，出版学术专著《南宋宁宗朝前期政治研究》（上海古籍出版社，2019年），主编湖湘文化区域精粹丛书《张家界：青山见我应如是》（社会科学文献出版社，2020年），并在《中山大学学报》《宋史研究论丛》《求索》等报纸杂志发表学术论文10余篇。

一湖四水的文化承载

（总序）

　　湖南历史悠久、文脉绵长、底蕴深厚，生于斯，长于斯，那山、那水、那人家，亘古及今，湖湘人民生生不息地孕育、传承和发展了博大精深的湖湘文化。诚如一代国学大师钱基博在其《近百年湖南学风骈文通义》导言中所言："湖南之为省，北阻大江，南薄五岭，西接黔蜀，群苗所萃，盖四塞之国。其地水少而山多。重山叠岭，滩河峻激，而舟车不易为交通。顽石赭土，地质刚坚，而民性多流于倔强，以故风气锢塞，常不为中原人文所沾被。抑亦风气自创，能别于中原人物以独立。人杰地灵，大儒迭起，前不见古人，后不见来者，宏识孤怀，涵今茹古，罔不有独立自由之思想，有坚强不磨之志节。湛深古学而能自辟蹊径，不为古学所囿。义以淑群，行必厉己，以开一代之风气，盖地理使之然也。"[①] 这是钱基博对湖南地理因素对湖南人文学风的形成及影响的独到见解。湖湘文化作为中华文化的重要组成部分，因受湖南地理环境因素的影响具有鲜明的地域特色。站在全国的角度看，湖湘文化自成一体，独具特色，但是从湖南境内看，湖湘文化又因其境内的不同地域而形成各具特色的子系统区域文化。流域是指以某一条河流为主线，由分水线包围的河流集水区所形成的独

---

　　① 钱基博：《近百年湖南学风骈文通义》，上海古籍出版社，2012，第 5 页。

立区域。常言道"一方水土养一方人"。水为生命之源,河流是人类文明发祥、发展的重要载体,"人"作为文化和文明的主体,我们虽然不能以绝对的环境论来阐释环境决定一切,但是生活在特定区域环境下的人一定会与这一区域的地理因素产生千丝万缕的必然联系。为此,我们根据湖南山水特点,以水为纲,将湖湘文化按湘江流域、资江流域、沅江流域、澧水流域和洞庭湖区划分开来,力图以流域为单元,通过"一湖四水"的文化承载来研究湖湘文化,以达新解。

一 湘水壮阔 文运天开

湘江又称湘水,为长江中游南岸洞庭湖水系一级重要支流,湖南四大河流之一。湘江源头由东西两源组成,西源发于广西壮族自治区兴安县近峰岭,据《水经注》载:"湘水出零陵始安县阳海山。"清钱邦芑《湘水考》载:"湘水,源出广西桂林府兴安县海阳山,山居灵川、兴安之界上,多奇峰绝壑,泉水之始出也,其流仅可滥觞。"东源发自湖南省永州市蓝山县紫良瑶族乡野狗岭,为潇水源头,于永州市零陵区萍岛与西源汇合。湘江流域面积为湖南四水之最,湖南14个市州有8个在湘江流域,全省经济、政治、文化和人口重心都在湘江流域,因此,湘江被誉为湖南的母亲河,"湘"成为湖南省的简称。

湘江流域位居湖南中东部,河谷开阔,江宽水缓,自古得灌溉和舟楫之利,北通中原、南达岭南的优越区位,使湘江流域的文化承载丰满而厚重。由于人类趋利避害、逐水而居及水系的关系,湘江流域发育形成了许多临水型城市,如长沙、湘潭、株洲、衡阳、永州等,其中长沙、衡阳、永州是最具有代表性的集湘江流域文化之大成的城市文明综合体。长沙地处湘江下游及浏阳河与湘江交汇处,位居湘江流域门户,为中原通达岭南的水陆枢纽,具有"南连衡岳,北连洞庭，势控荆湘，缩毂南北"①的区位优势，为湖南水陆交通要冲，春秋战国时期逐渐形成城邑，为秦长沙郡、汉长沙国治所，有"楚汉名城"之称。长沙城市的发展是历代政治治所和湘江流域水陆交通完美结合的结果，自秦代以后，长沙逐渐发展成为湖南地区的政治、经济、文化和交通中心。衡阳，位于湘江中下游交界处的衡阳盆地，蒸水、耒水与湘江交汇处，被誉为"三水汇聚，衡雁福地"，为中原通往岭南的重要陆路节点和水路交通枢纽，春秋战国时为楚南人烟密集和商贸繁盛之地，成为楚南重镇，自有建置以来即为历代郡、府、路、州治所，是一座文化底蕴深厚、充满活力的临水型城市。永州又称零陵，地处潇水与湘江交汇处，为湘江中上游水陆交通要冲，是湘江流域通达岭南两广地区的重要节点，两汉时期的零陵郡治设置于此，历为郡、府、路、州治所，是一座文化底蕴深厚、人文气息浓厚的历史文化名城。湘江流域的城市因水而生，因水而兴。近现代以来，粤汉铁路、湘桂铁路都沿湘江流域的河谷布线，如今京广高铁、京珠高速也同样如此。湘江流域地域、地势、河流与交通区位同向，可谓得天独厚，湘江流域由此造就了较为兴盛的文化与文明。

二 资水险急 文化出彩

资江又称资水，为长江中游南岸洞庭湖水系一级支流，湖南四大河流之一。资江西源发于城步苗族自治县青界山主峰黄马界西麓，俗称赧水，旧志又称资水或都梁水，由西南向东北至邵阳县塘渡口镇双江口与夫夷水汇合。资江东源发源于广西壮族自治区资源县境内越城

---

① 湖南省博物馆、湖南省文物考古研究所、长沙市博物馆、长沙市文物考古研究所：《长沙楚墓》上卷，文物出版社，2000，第1页。

3

岭山最高峰猫儿山，俗称夫夷水，由南向北流至新宁县窑市镇六坪村塔子寨进入湖南，在邵阳县双江口与西源赧水汇合。两源汇合后始称资江，旧志和传统习惯多以赧水为资水。从整个资江流域看，由于中游地区山高水险，资江流域文化呈现三段式结构，上、中、下游三大区域各具特色，各领风骚，构成了资水险急、人文出彩的独特文化风貌。

资江流域上游地区主要为今邵阳市域，地形以邵阳盆地为中心，西有雪峰山为屏障，南有越城岭阻隔，北为高山峡谷锁闭，唯有东面与湘江流域以缓丘相连，特别是湘江支流涟水深入盆地东北部边缘，分水岭相当低矮平缓，因此资江流域上游地区深受湘江流域文化的影响。资江上游地区虽然深受湘江流域文化的影响，但是其流域地形特点也孕育了本地域显著的文化特色。在语言上，资水上游地区虽然与湘江中下游同属汉语湘方言区，但湘江流域地形开阔，受其他方言影响较大，形成新湘语区，而资江上游地区西、南、北三面有高山阻隔，受其他方言影响小，较好地保留了古湘语成分，形成老湘语区。在地理因素对人类生产生活影响上，资江上游地区为典型的盆地结构，来自东南的暖湿气流在翻越南岭山脉后形成下沉气流，因而降水较湖南其他地区偏少，形成干旱走廊，如遇干旱年份，农作物歉收，加之人多地少，为了养家糊口、添补家用，当地人多养成精打细算及出门做手艺活和贩货走鬻的习性。明清至民国时期，邵阳货郎走街串巷，邵阳手艺工匠进城入乡，宝庆会馆遍及各地，邵阳商帮用拳头开辟武汉鹦鹉洲码头，靠蛮勇立足汉正街。如今资江流域上游的邵阳人血液中流淌着精明能干的基因，承袭着经商办厂的文化传统。

资江中游穿流雪峰山脉，山高水险，水流湍急，支流短小，流域范围涵盖今新化、安化及冷水江大部分地域。由于特殊的地理因素和人居环境，资江中游流域因山高谷深、平地有限而形成了高山灌溉系统的梯田农耕文化，因山高林密、巡山狩猎而产生了崇拜自然山林的巫风文化，因水急浪险、搏浪涉水而养成了勇猛爽直的尚武文化。资江中游的雪峰山区，习惯上被称为"梅山地区"，这里的山统称为"梅山"，新化俗称"上梅山"，安化俗称"下梅山"，这一地域所孕育、产生的地域文化，被学界称为"梅山文化"。

资江流域下游地区属于平原和缓丘区，河床展宽、水流平缓，位居洞庭湖南岸，在地形地貌上与沅江下游、湘江下游连成一片，加之秦汉以后，这一地域在行政管理上长期受湘江流域长沙郡、长沙府的统辖，因此资江下游地区的经济、政治、文化等都深受湘江流域影响，该地域的语言与长沙相近，同属新湘语方言区，人文风俗也几近于长沙，即使在当今时代，这一地域也被称为长沙的"后花园"。

资江流域的城市多因水而生，但受地形因素的影响，资江流域的临水型城市，呈现上下游发展强、中游发展偏弱的特点，整个流域的城市发展以邵阳和益阳最具有代表性。邵阳位居资江上游邵阳盆地中心，地处邵水与资江交汇处，水运便利、地形开阔，这使邵阳成为资江上游地区的政治、经济、文化和交通中心，自两汉建置以来，成为历代郡、府、路、州治所。益阳地处资江下游，为资江流域门户，也是洞庭湖南岸陆路的重要节点，春秋战国时期，楚国就在此设立益阳县治，便利的水陆交通使益阳发展成为资江流域下游和环洞庭湖区的重要城市。

三　沅水悠长　文渊多样

沅江又称沅水，为长江中游南岸洞庭湖水系一级重要支流，湖南四大河流之一。关于沅江源头，有贵州省都匀市云雾山鸡冠岭、都匀市斗篷山和贵定县岩下乡摆洗村等多种说法，第一次全国水利普查，确认贵州省黔南布依族苗族自治州贵定县昌明镇高坡村为沅江的源头。传统习惯上，认为沅江发源于贵州省东南部，有南北二源。南源马尾河，又称龙头江，发源于都匀县（今都匀市）云雾山鸡冠岭；北源重安江，又称诸梁江，源出麻江县平越间大山。沅江以南源为正源，南北二源相汇合后，称清水江，流经至湖南省会同县漠滨乡金子村入境湖南，东流至洪江市（原黔阳县）托口镇与渠水汇合，始称沅江。

沅江流域中上游地区是湘、黔、鄂、桂、渝四省一市边区文化相互交融、相互影响的区域，受行政统属的影响，在贵州境内的地域文化称为黔文化，重庆东南和湖北西南部边境的地域文化习惯上称为巴渝文化，而在湖南省境内的地域文化为湖湘文化。沅江流域中上游的核心区域在湖南省境内，其地域范围为怀化市、湘西土家族苗族自治州及邵阳市的城步苗族自治县和绥宁县，沅江水系的主要支流渠水、潕水、巫水、溆水、辰水、武水、酉水都在湖南境内汇入干流。沅江流域中上游湖南境内的早期文明涵盖了本流域特有的潕水文化、高庙文化和外来的大溪文化、屈家岭文化、龙山文化，文化序列完整、脉络清晰，人类活动遗迹众多，说明在远古时代的渔猎经济条件下，这一地域的生态地理环境适合早期人类繁衍生息。

在历史的发展长河中，沅江流域的早期先民被称为群蛮和百濮，他们可能是沅水流域真正的世居族群。蚩尤部落在北方中原各部落联盟之间的角逐中失败，由江淮地区经洞庭湖沿沅江河谷进入湘西和黔东南地区，从而形成苗蛮集团并发展演变成为苗族、瑶族的先民；随后沅江流域西北部巴蜀地区的先民也在北方部族的挤压下向湘西沅江流域迁徙，巴人成为土家族的先民。苗蛮集团和巴人迁入并与当地世居族群不断融合，形成了沅江流域中上游地区的多民族格局。沅江流域中上游地区的各少数民族在史书中通常被称为"五溪蛮"或"武陵蛮"。当然，随着时间的推移和时代的进步，经过历代中央王朝的不断征伐、开拓、移民和教化，汉族和其他民族也逐渐进入沅水中上游地区，他们大多聚居在河谷平原、山间盆地、交通要道和行政治所，因此居于河谷平原、山间盆地、交通要道和行政治所附近的少数民族逐渐与汉民族融合，而僻居高山深谷的少数民族则仍然保留着原有民族的特性，沅江流域中上游地区因而成为以汉、苗、侗、土家族为主体，瑶、布依、白、水、壮、回族等多民族聚居的地区，成为中原和东部汉族聚居地区与西南少数民族地区交相融合的区域。明清时期，滇黔地区获得开发，"改土归流"推行，随着移民开发和军旅驻防，大批移民、官宦眷属和江浙闽商来到沅江流域中上游地区，楚巫文化、苗蛮文化、巴蜀文化（川渝分治后称"巴渝文化"）、侗壮文化及中原文化、江浙文化和妈祖文化在这里交融互动，构成了沅江流域中上游地区以五溪文化为核心的多元文化交融图景。民俗上多民族交融、相互吸纳，语言上以西南官话为主、各族语言并存，飞山庙、盘瓠庙、天王庙、龙王庙、伏波庙、苏州会馆、"万寿宫"、"天后宫"等都在沅江流域中上游地区留下众多遗迹就不足为奇了。清代湖南建省后，沅江流域中上游湖南境内的五溪地区隶属湖南巡抚管辖，厚重多样的五溪文化成为湖湘文化的重要组成部分。近现代以来，随着社会的不断进步和交通的不断完善，沅江流域中上游湖南境内的五溪地区受东部湘江和资江流域的文化影响也进一步加深。

沅江流域下游地区为今常德市域的一部分，沅江干流进入平原缓丘区，水势平缓、河面宽阔，由于位居沅江下游，因而成为滇黔和湘西的门户。明洪武五年（1372），维吾尔族将领哈勒·八十奉命率军驻守常德，其军中的回族和维吾尔族将士随后在沅江流域下游地区落籍定居并繁衍生息，由此带来了穆斯林文化，他们与当地人和谐相处，丰富了沅江流域下游地区的文化内涵。沅江流域下游地区，地势平坦、无险可据。这里既是通往湘西、黔东、川（今渝）东南地区的水陆要冲，又是北方中原地区与南方及岭南地区的陆路交通的节点，优越的自然条件和地理区位，使这一地区容易受到北方中原文化的影响而成为湖南境内开化、开发最早的地域。善卷的"让王不受"形成了"善德文化"，屈原的流放南来催生了"爱国情怀"，陶渊明的《桃花源记》展现了豁达乐观的胸襟，刘禹锡的"竹枝词"激发了"诗兴词韵"，特殊的地理环境，使沅江流域下游地区的土著文化与荆楚文化、中原文化在这里碰撞、交流、融合，并不断继承、吸收、演进和发展从而形成湖湘文化中一种具有鲜明特色的地域文化，构成了中原文化、巫楚文化、湖湘文化在这里交相辉映的图景。

沅江流域的城市为典型的临水型城市，其中以常德、沅陵和洪江最具代表性，但由于地形因素，除下游常德城市发展成熟、建置稳定外，其他中上游城市因受山区河谷地形影响，城市都呈现发展缓慢和建置不稳定的特征。沅江流域中上游地区由于在地形上高山阻隔、地貌多样，形成了具有多民族特色和多元结构的"五溪文化"，在方言上与川、黔语言相近，属西南官话；而下游地区在地形上开阔平坦，形成了承南启北、相互交融的地域文化，在方言上与湖北方言相近，属北方官话荆楚话。这种中上游地区与下游地区截然不同的地形差异，构成了沅江流域文化的多样性，使沅江流域文化多元而丰满。

四　澧水靛蓝　文明深厚

澧水因《楚辞》"沅有芷兮澧有兰"之句，又名兰江，为长江中游南岸洞庭湖水系一级支流，湖南四大河流之一。关于澧水得名之来由，一说因其上游"绿水六十里，水成靛澧色"而得名；一说远古时期，当地先民多居丛岩邃谷，甘泉冷冽，岚瘴郁蒸，非辛辣刚烈之食不足以温胃健脾，故酿制甜酒，煮酒豪饮成习，因醴为甜酒，由是"醴""澧"同音异写，遂得澧水之名。澧水发源于湖南西北部与湖北西南部交界处的武陵山脉东北支南麓，有北、中、南三源。北源发于桑植县五道水镇杉木界，中源发于龙山县大安乡翻身村，南源发于永顺县龙家寨东北。通常以北源为正源，三源于桑植县南岔汇合后，由西向东流经大庸（今张家界市永定区）、慈利、石门、临澧、澧县、津市等县市，于津市市小渡口注入洞庭湖。澧水为湖南四水中流程最短的一条河流，但澧水流域地处武陵山脉最为高耸延绵的一列山岭的南侧，打开湖南地形图，就会在湖南西北部看到这列山岭巍峨延绵的"身躯"，有"湖南屋脊"之称。澧水在湖南四水中以水清深澈和文明厚重而著名，故其特点堪称澧水靛蓝、文明深厚。在湖南四水中澧水虽然流程最短，但由于其独特的区位和地质地貌等地理条件，澧水流域文化呈现深厚与丰富多重并举、人文与自然交相辉映的绚丽图景。

根据考古发掘资料，在澧水流域上中下游地区都发现旧石器时代和新石器时代遗址，特别是中下游地区的河谷台地和澧阳平原所发现的旧、新石器时代遗址达 500 多处，由于这些文化遗存具有鲜明的地域特征，考古学界将这类文化遗存称为"澧水文化类群"，其文化序列为"彭头山文化"—"皂市下层文化"—"大溪文化"—"屈家岭文化"—"长江中游龙山文化"，承袭关系完整而连续，展现了澧水流域深厚的文化脉络。其中较为著名的有：津市虎爪山遗址、燕尔洞"石门人"遗址、澧县彭头山文化遗址、澧县八十垱遗址、石门皂市下层文化遗址、澧县城头山古城遗址等。

澧水流域与沅江流域虽同为群蛮百濮所居，但与沅江流域稍有不同。因澧水流域与鄂西南及巴蜀地区相连，所以在群蛮百濮的区分

上，澧水流域多为巴濮、庸人，沅江流域多为苗蛮、濮僚。澧水流域的巴濮和庸人通过交相融合成为土家族的先民，这也是现今澧水流域中上游地区的少数民族多为土家族的原因。澧水流域地处湖南西北部，其下游澧阳平原与湖北江汉平原连为一体，同为长江中下游平原的一部分，而上游地区与湖北西南部相邻，与重庆东南部近在咫尺，同属武陵山区，自古以来，这里就是湖湘地区北通中原、西抵巴蜀的交通要道。澧水中上游地区与沅江中上游地区同属武陵山区，这里的少数民族都被统称为"武陵蛮"，虽然中央王朝及中原文化逐渐进入这一地区，但由于"蛮夷叛服无常"，加之此地多崇山峻岭的地形因素，因此，澧水中上游地区形成了以土家族、汉族、白族为主体的多元文化区域。近现代以来，随着社会经济和交通的发展，澧水流域各种文化逐渐相互交融，成为湖湘文化的重要组成部分。

澧水流域除了人文历史文化外，还有一张闻名世界的自然文化名片——世界自然文化遗产。澧水流域中上游地区以张家界境内群山为代表的山体多由石英砂岩构成，特殊地质结构和多雨的气候条件，使石英砂岩在暴雨的冲刷下发育为成景母岩，再通过流水侵蚀、重力崩塌、风化等外力作用，形成以棱角平直的高大石柱林为主，以深切嶂谷、石墙、天生桥、方山、平台等为辅的地貌形态，孕育出"奇峰三千、秀水八百"的独特地貌景观，被誉为"天然水墨，人间仙境"。

五 洞庭浩渺 人文荟萃

洞庭湖位于长江中游南岸，是中国著名的五大淡水湖之一。远古时期，在今洞庭湖平原和江汉平原的长江中游地区有一片水域辽阔的汪洋大湖，古称云梦泽。由于长江在流出三峡进入平原地区后，水势变缓、流速降低，长期的泥沙淤积，使古云梦泽逐渐缩小，从而演变成为现今的洞庭湖。洞庭湖西北和北面通过松滋、太平、藕池、调弦四口接纳长江来水，南和西有湘、资、沅、澧四水汇注，东有汨罗江、新墙河等小支流汇入，于东北在岳阳市城陵矶注入长江。洞庭湖是长江流域江湖关系最密切和蓄洪调水能力最强的调蓄性湖泊，具有强大的蓄洪能力，是长江中下游地区防洪安全的重要保障。历史上，洞庭湖曾号称"八百里洞庭"，长期位居"五湖之首"，由于位居长江中游荆江南岸，又有四口与长江相通，加之湘、资、沅、澧四水注入，其接纳的入湖水量和覆盖的流域面积是整个长江流域最大的。关于洞庭湖的面积，如今还没有确切一致的说法，据相关专家测算，作为蓄洪和行洪型的调蓄性湖泊，如果将现有湖面面积加上洪道的水域面积，洞庭湖可能仍然是中国第一大淡水湖泊。由于四水汇注、北通长江，因此洞庭湖区既是湘、资、沅、澧四水的地理门户，也是四水流域经济、政治、社会和文化相互交融的联系纽带，其区域文化呈现由水性、大度、包容、抗争和忧乐等多重因素组成的复合型特性，可概称为"洞庭浩渺、文化荟萃"。洞庭湖区地形平坦、土地肥沃、物产丰富，因盛产鱼虾和水稻而成为著名的"鱼米之乡"，其所孕育承载的区域文化既有南来北往、四水汇聚的融合，又有烟波浩渺的大湖激荡，其所呈现的文化特色使湖湘文化更加光芒而耀眼。

洞庭湖区位于湖南北部，地处湘、资、沅、澧四水下游，地势平坦、河网密布、堤垸纵横、港汊交错，尽显平原水乡特色，优越的地形和丰富的水资源为人类的生产生活提供了必要的条件。由于洞庭湖位于湖南省北部，又是湘、资、沅、澧四水注入的下游地域，历史上的任何时期，不管是尧、舜、禹南巡，还是楚人南下、秦汉南征，但凡中原地区的经济、政治、军事、文化等与湖南交流交往都要首先经过洞庭湖地区。洞庭湖地区既是近现代的公路、铁路南北交通干线所必经之地，也是沿洞庭湖东西两侧进入湖南所必经之地，因此这一地

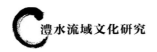

域成为湖南文化交融最活跃的地区，四水流域文化的汇注和南北文化的交融形成了洞庭湖区文化的包容性。由于洞庭湖属于调蓄型通江大湖，因此生活在湖区的人们，在长期与湖水为伴、与洪灾水患搏击抗争的过程中既形成了多情柔和的水一般的品格，又养成了同舟共济的团队和抗争精神，这或许就是如今湖南人戏称所谓的"常德帮、岳阳帮、益阳帮"的文化土壤。洞庭湖区所形成的这些文化特性展现出的是水天辽阔、大度坦荡及忧国忧民的大湖文化。

洞庭湖区的城市属平原水乡与河湖结合型临水城市。在农耕和渔猎经济的古代，洞庭湖西岸的澧阳平原就迎来了中国古代早期城市文明的曙光，以城头山古城遗址为代表的古代城市，标志着洞庭湖区的城市起源、发展与水利、地利有着天然的联系。洞庭湖区的城市都属于濒河湖、尽地利的临水型城市，但由于湖区多水患且湖巷河汊众多，沙洲阻隔，城市发展空间有限，只有湖河结合较好的门户型临水城市发展空间更为广阔，其中以岳阳、益阳、常德最具代表性。岳阳古称"巴陵"，地处洞庭湖与长江交汇处，汇纳四水，吞吐长江，是湖南境内水路交通区位最优越的临水型城市。岳阳扼洞庭湖通长江之口，为洞庭湖东岸水路、陆路进出湖南的必经之地，其城市发展在洞庭湖区流域文化中具有极其重要的地位。益阳、常德分别为洞庭湖南岸和西岸湖河结合的临水型城市，二者濒湖临河，既有湖水相托，又有扼守资江、沅江门户及流域广袤腹地的区位地理优势，因而发展成为洞庭湖区的重要城市。岳阳、益阳、常德三座城市既得洞庭湖之利，又得通长江、资江、沅江之便，三者环绕洞庭，对湖区城市的发展具有极强的辐射和引领带动作用。

湖南流域文化是中华文明文脉的重要组成部分。习近平强调，人与水的关系很重要。世界几大文明都发源于大江大河。人离不开水，但水患又是人类的心腹大患。人类在与自然共处、共生和斗争的进程中不断进步。和谐是共处平衡的表现，但达成和谐需要有很多斗争。中华民族正是在同自然灾害做斗争中发展起来的伟大民族。湖湘文化是湖南省境内文化的总称，通过洞庭湖和湘、资、沅、澧四水流域文化的承载而体现，无论是湘、资之气，还是沅、澧之风，都是湖湘文化的重要组成部分。为传承中华优秀传统文化，我们根据湖南省境内湘、资、沅、澧四水流域及洞庭湖区的地理、人文、风俗等文化特点，撰写了这套"湖南流域文化丛书"，其目的就是以水为纲，以流域为单元，以全景式的新视角将湖湘文化呈现给读者，以期为湖南流域文化的挖掘、传承、保护、开发、研究提供有益的探索，为赓续湖湘历史文脉、讲好"湖南故事"、坚定文化自信注入精神动力。

贺培育

2022 年 6 月

目　录

代序　水经注·澧水[*]

〔北魏〕 郦道元

澧水出武陵充县西，历山东过其县南，

　　澧水自县东径临澧、零阳二县故界，水之南岸，白石双立，厥状类人，高各三十丈，周四十丈。古老传言，昔充县尉与零阳尉共论封境，因相伤害，化而为石，东标零阳，西揭充县。充县废省，临澧即其地，县，即充县之故治，临侧澧水，故为县名，晋太康四年置。澧水又东，茹水注之，水出龙茹山，水色清澈，漏石分沙。庄辛说楚襄王，所谓饮茹溪之流者也。茹水东注澧水。

又东过零阳县之北，

　　澧水东与温泉水会，水发北山石穴中，长三十丈，冬夏沸涌，常若汤焉。温水南流，注于澧水。澧水又东合零溪水，源南出零阳之山，历溪北注澧水。澧水又东，九渡水注之，水南出九渡山，山下有溪，又以九渡为名。山兽咸饮此水，而径越他津，皆不饮之。九渡水北径仙人楼下，傍有石，形极方峭，世名之为仙楼。水自下历溪，曲折逶迤倾注。行者间关，每所褰泝，山水之号，盖亦因事生焉。九渡水又北流注于澧水。澧水又东，娄水入焉。水源出巴东界，东径天门郡娄中县北，又东径零阳县，注于澧水。澧水又东径零阳县南，县即

---

　　* 〔北魏〕郦道元：《水经注校证》卷三十七《淹水、叶榆河、夷水、油水、澧水、沅水、浪水》，陈桥驿校证，中华书局，2007，第866~868页。

零溪以著称矣。澧水又径溇阳县，右会溇水。水出建平郡，东径溇阳县南，晋太康中置。溇水又左合黄水，黄水出零阳县西，北连巫山溪，出雄黄，颇有神异，采常以冬月，祭祀凿石，深数丈，方得佳黄，故溪水取名焉。黄水北流注于溇水，溇水又东注澧水，谓之溇口。澧水又东径澧阳县南，南临澧水，晋太康四年立，天门郡治也。吴永安六年，武陵郡嵩梁山，高峰孤竦，素壁千寻，望之苕亭，有似香炉。其山洞开，玄朗如门，高三百丈，广二百丈，门角上各生一竹，倒垂下拂，谓之天帝。孙休以为嘉祥，分武陵置天门郡。澧水又东历层步山，高秀特出，山下有峭涧，泉流所发，南流注于澧水。

又东过作唐县北，

作唐县，后汉分屝陵县置。澧水入县，左合涔水，水出西北天门郡界，南流径涔坪屯，屯堨涔水，溉田数千顷。又东南流，注于澧水。澧水又东，澹水出焉。澧水又南径故郡城东，东转径作唐县南。澧水又东径南安县南，晋太康元年，分屝陵立。澹水注之，水上承澧水于作唐县，东径其县北，又东注于澧，谓之澹口。王仲宣《赠士孙文始诗》曰：悠悠澹澧者也。澧水又东与赤沙湖水会，湖水北通江而南注澧，谓之沙口。澧水又东南注于沅水，曰澧口。盖其枝渎耳。《离骚》曰：沅有芷兮澧有兰。

又东至长沙下隽县西北，东入于江。

澧水流注于洞庭湖，俗谓之曰澧江口也。

‖ 第一章 ‖

澧水流域的自然地理与空间格局解析

澧水发源于湖南省桑植县，流经桑植、永定、慈利、石门、临澧、澧县、津市等县市，最终注入洞庭湖，是湖南省内"湘资沅澧"四条主要河流中的一条。澧水横跨湖南、湖北二省，主要位于湖南省西北部，也是洞庭湖水系中流域面积最小的一条河流。澧水流域的地形涵盖了山地、丘陵、平原三大基本形态，举世闻名的"张家界地貌"即在流域内。在历史演进的漫长过程中，澧水流域的水系构成发生了较大变化，而随着人类活动的扩展，澧水流域的开发程度逐渐加深，行政区划经历了多次调整，在一定程度上形塑了该流域的空间格局。

一 澧水流域的地形地貌及其特点

按照地理学上对河流河段的划分依据，一般将澧水划分为上、中、下游三个河段。干流自源头至桑植为上游，水道长近150公里；自桑植至石门为中游，水道长近250公里；自石门至津市小渡口为下游，水道长近70公里。[1] 小渡口以下为澧水洪道。总体来看，澧水流域的地形地貌涵盖了山地、丘陵、平原三大基本形态。

---

[1]　湖南省志编纂委员会编《湖南省志》第二卷《地理志》（下册），湖南人民出版社，1987，第544～545页。

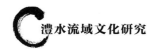

（一）崇山峻岭中的澧水上游地形地貌

澧水有南、北、中三个源头。其中，北源出自湖南桑植县五道水镇七眼泉，南源出自湖南永顺县万福山北麓，中源出自湖南桑植、龙山，湖北宣恩三县交界的八大公山东麓，南、中二源在桑植两河口交汇后，向南与北源在桑植洪家关赶塔交汇，向南经桑植县澧源镇进入张家界永定区，三源共同构成了澧水的上游。

澧水上游涉及湖北恩施州，湖南湘西州、张家界市三个地区，这里的大地构造单位属新华夏结构体系，武陵山脉的北支，多崇山峻岭。由斗蓬山、杉木界、天平山三大林区组成的八大公山，位于桑植县西北部，与湖北宣恩、鹤峰两县相邻，总面积4.49万公顷，是澧水三源中南源和北源的发源地。八大公山海拔千米以上的山峰多达300余座，主峰斗蓬山海拔1890米。澧水南源出自湖南湘西自治州永顺县的万福山，该山海拔1266米，相传为秦始皇用金鞭从东海迁移而来，当地民谣有"万福山，万福山，隔天只有三尺三；哪个若想上天去，伸手一攀就离凡"。

澧水上游两岸多崇山峻岭，山高坡陡，河床较窄，河道平均坡降达2.67‰，加之其与长江三峡、湖北清江处于同一暴雨区，雨量充沛，形成了澧水上游滩多水急的特点，给通航带来了不利影响，当地船工民谣曾有"澧水三百六十滩，滩滩都是鬼门关"的说法。例如位于澧水上游中源的桑植县关峪乡三缆子，长约300米，落差大，水流急，人坐在船上，有劈浪前行之感，惊险万端。① 由于地形复杂，澧水上游的气候变化也呈垂直规律，常出现一山有四季、十里不同天的情况。

---

① 胡幸福主编《湖湘旅游文化》，湖南大学出版社，2004，第44页。

（二）张家界地貌、丹霞地貌并存的澧水中游地形地貌

澧水干流出桑植后，沿途接纳溇水、九都溪、狮头溪等支流，经张家界永定区、慈利县，入常德石门县，为澧水的中游部分。澧水中游的地形较为复杂，呈现从山区向平原过渡的特征。

永定区、慈利县均属于武陵山区，前者位于武陵山脉腹地，后者地处武陵山脉末端。这里有一种由地表出露较广的沉积岩——砂岩发育形成的砂岩地貌。在我国，由砂岩形成并命名的地貌主要有砂岩峰林地貌、丹霞地貌和嶂石岩地貌。澧水中游的砂岩地貌囊括了石英砂岩峰林地貌和丹霞地貌两个类型，其中最值得一提的是石英砂岩峰林地貌。约 3.8 亿年前，晚古生代泥盆纪时期，这里处于宽阔的滨海地带，靠近古陆，大量松散碎屑物质在此沉积，经过漫长而复杂的成岩过程，形成了总厚度超过 500 米的石英砂岩，之后又经过"燕山运动"、"喜马拉雅运动"和第四纪新构造运动的抬升，由于褶皱作用较弱，岩层产状保持水平，而垂直节理及断层却发育充分，在风化作用、流水侵蚀作用、重力崩塌作用下，形成了以棱角平直的高大石柱林为主的砂岩峰林和岩溶洞穴景观。[1]

这些砂岩峰林有方山、台地、峰墙、峰丛、峰林、石门、天生桥等不同样貌，鬼斧神工，形态各异；张家界 2001 年被批准为国家地质公园，2004 年成为首批被联合国教科文组织批准的世界地质公园。这里共有砂岩峰柱 3000 余座，其中高度超过 200 米的有 1000 余座，最高的金鞭岩达 350 米，更值得一提的是，这些峰柱上多生有松树、

---

[1] 参见王数、东野光亮主编《地质学与地貌学》，中国农业大学出版社，2013，第 156 页；曾克峰主编《地貌学教程》，中国地质大学出版社有限责任公司，2013，第 169～170 页。

银杏等树木，枝繁叶茂，盘根错节，被称为"放大的盆景，缩小的仙境"。2010 年 11 月，国际地貌学家协会将这一特征鲜明、规模巨大的石英砂岩峰林地貌，命名为"张家界地貌"。

除了举世闻名的张家界地貌，澧水中游的丹霞地貌也别具一格。位于慈利县阳和乡澧水干流岸边的红岩岭，平均海拔 320 米，属丘陵地形，其上分布着 80 多万平方米的丹霞地貌，这里全年气候温和，雨量充沛，四季分明，丹霞地貌种类齐全，发育完善，山体高低起伏，姿态各异，崖壁丹赤，衬以绿色植物，十分美丽。

数量众多、规模巨大的喀斯特洞穴是澧水中游地貌又一个鲜明特征。喀斯特又称岩溶，是指可溶性岩层，如碳酸盐类岩层（石灰岩、白云岩）等受水的化学和物理作用产生沟槽、裂隙和空洞，以及空洞顶板塌落使地表产生陷穴、洼地等类现象和作用的总称。① 在澧水的二级支流索溪流域内，1983 年发现了一个巨大的石灰岩溶洞群，后被命名为黄龙洞。洞内有一个水库、两条阴河、三处地下瀑布、四个水潭、十三个大厅、九十六条游廊，洞中套洞，纵横相连。洞内遍布各种形态各异、五彩缤纷的石钟乳、石笋、石花、石幔、石枝、石管、石珍珠、石珊瑚等，其中一个高 19.2 米，两端粗中间细，最细处直径只有 10 厘米的石笋，通体透明，浑圆匀称，被形象地称为"定海神针"。特别值得一提的是，类似的溶洞群在澧水中游不在少数。例如位于慈利县的龙王洞，就是另一处特大型石灰岩溶洞。该溶洞的年龄达三亿八千万年，是我国最古老的溶洞之一，又因其罕见的溶洞断层现象被赞为"世界溶洞奇葩"。该洞长 30 余公里，底部面积为 40 余万平方米，内有五十八个厅台，十五处珍珠瀑布，三条地下阴河，两个湖泊，四

---

① 黄楚兴、杨世瑜：《岩溶旅游地质》，冶金工业出版社，2008，第 2 页。

十五处水花池，洞中石笋、石钟乳、石柱、石幔、石花遍布，琳琅满目。

澧水干流在石门进入武陵山地向洞庭湖平原的过渡地带，这里丘岗错列，盆谷相嵌，有多块状残山，县境内澧水干流岸边的易家渡镇位于澧阳平原最西端，土地肥沃。[①]

（三）涵盖山地、丘陵、岗地、平原的澧水下游地形地貌

澧水干流出石门后，经临澧县、澧县、津市，此段是该河的下游部分。津市小渡口以下称澧水洪道（或澧水尾闾），洪道在澧县七里湖接纳松滋西支官垸河来水，并有松滋中支自治局河通过五里河与其相连，在肖家湾处与松虎洪道汇合后，于柳林咀流入作为西洞庭湖一部分的目平湖。总体来看，澧水下游地势呈由西部山丘向东部洞庭湖盆地倾斜的特点，地貌类型涵盖了山地、丘陵、岗地、平原等几大类型，其中又以平原为主。

澧水下游的山地以中低山为主，其间盆谷山冲交错。例如临澧西南部海拔 600 余米的太浮山，系沅水与澧水的分水岭，也是石门、临澧、桃源三县的界山。

澧水下游的平原包括江河冲积平原和溪谷平原两大类。江河冲积平原主要分布在澧水及其支流两岸，地层深厚，多为肥沃潮土。例如包括今澧县的大部分和临澧县的一部分，以及津市、石门部分区域的澧阳平原，就是"澧水出武陵山区后，在地质沉降区形成的冲积平原"[②]。澧阳平原内澧、涔、澹、道、松滋五水环绕，低洼处有不少湖泊，如毛里湖、西湖，均原属洞庭湖水域。溪谷平原主要分布于丘

---

①　石门县地方志编纂委员会办公室编《石门县志》，中国文史出版社，1993，第 68 页。

②　郭伟民：《城头山遗址与洞庭湖区新石器时代文化》，岳麓书社，2012，第 5 页。

陵、岗地中比较开阔的溪谷地带。由于澧水下游水系众多，又呈网状分布，流程短、流速快，所携带的泥沙经过丘陵、岗地等开阔地带时，泥沙沉积而形成溪谷平原，由全新冲积物质组成，土层较厚，河网切割较深。

丘陵是指地球表面形态起伏和缓，绝对高度在500米以内，相对高度不超过200米，由各种岩类组成的坡面组合体。澧水下游较著名的丘陵有涔北丘陵。涔水是澧水的一级支流，源出石门县偏山南麓黑天坑，东流经澧县，至津市小渡口入澧水。涔北丘陵属剥蚀构造丘陵，海拔为100~200米，丘峰孤立，丘顶浑圆似馒头，丘体脉络不明显。

岗地处于地壳相对稳定的地带，长期受流水侵蚀和物理风化等作用的影响，按形态特征可分为高岗地和低岗地。澧水下游的岗地有柏枝岗地、九里岗地等。柏枝岗地为红岩低岗地，由紫色砂砾岩构成。九里岗地包括红土高岗地和红岩高岗地两种类型。前者由第四纪堆积物组成，上部有网纹状红土覆盖，后者由白垩纪、第三纪红岩组成，上部风化层较薄。

二 澧水水系的历史演变及其现代构成

在历史演进的漫长过程中，澧水流域的水系构成也发生了演变。曾经广泛存在于历史文献和时人诗文中的"九澧"，如今已发生了比较明显的变化。其中，既有自然地理演变的结果，也与人类在生产、生活过程中对自然环境的影响密不可分。

（一）澧水水系的历史构成探源

关于澧水水系的主要组成，历史上曾有一种"九澧"的说法。清乾隆十五年（1750）出版的《直隶澧州志林》一书在记述当时澧州地区的山岳水系时，引旧志称：

> 澧水有九，按旧志曰茹、温、溇、渫、黄、涔、澹、道，并澧为九，余水皆输注于九水，而九水又惟澧受诸水之流以输注于洞庭，故溇得曰溇澧，涔得曰涔澧，澹得曰澹澧。①

意思是说，根据旧志记载，澧水共有8条支流，这8条河流与澧水干流合称"九澧"。这一说法在后来的相关地方志编修中被广泛采用。据笔者目力所及，乾隆以降修纂的湖南通志中，乾隆志、嘉庆志均采此说；澧州志中，道光志、同治志均采此说；慈利县志中，嘉庆志、同治志均采此说。唯一例外的是光绪《湖南通志》，该书第十二卷《地理十二·水道》述澧水水道甚详，却未提及"九澧"，似乎对该说法持保留意见，不过考虑到光绪十四年（1888）由湘人王先谦所编辑的《湖南全省掌故备考》一书中有"昔人以茹、温、溇、渫、黄、涔、澹、道，并澧为九澧"的文字，② 可以合理推测，清代多数学者还是认可以"九澧"一词概括澧水水系的。

与地方志书中的记载相对应的是，同一时期，文人学士的诗文中也大量使用"九澧"一词。湖南安化人，嘉庆七年（1802）进士，官至两江总督的陶澍在其《舟过安乡》一诗中有"江声疏九澧，湖势划三湘"一语。③ 曾经担任湖南学政的山西人祁寯藻也有"而今春

---

① 〔清〕何璘修，〔清〕黄宜中纂《直隶澧州志林》卷三《舆地志·山川》，清乾隆十五年刻本，第23页。

② 〔清〕王先谦辑《湖南全省掌故备考》卷七《水道》，段青峰校点，岳麓书社，2009，第121页。

③ 〔清〕陶澍：《舟过安乡》，收入〔清〕陶澍《陶澍集》下册，岳麓书社，1998，第441页。

雨逐春风，仍泛扁舟九澧中"① 的诗句。湖南长沙人，晚清同光年间的著名戏曲家杨恩寿则有"往来雪泥留九澧，只今云影戢三湘"的诗句。② 仔细品读这些诗句，不难发现，在这里，"九澧"已经从一个描述澧水流域水系构成的词语，扩展成为对整个湖南省的代称，从而拥有了更广阔与更丰富的意蕴。

当今学者也在相当程度上接纳了这种说法，包括《中国水系大辞典》在内的多部工具书，以及澧水流域县市的新修方志，在叙述澧水水系时，均使用了"九澧"这个词。还有一些学者在继承"九澧"说的同时，也对其变迁情况进行了考证，比如学者张步天就认为，茹水为今土木溪，温水为今坪溪。③ 笔者认为，"九澧"一词，反映了前人对其所处时代的澧水的认识，对今人进一步了解和分析该流域的水系情况很有助益，但是也不能拘泥于此。事实上，"九澧"的叙述是存在一定漏洞的。按照"茹、温、娄、渫、黄、涔、澹、道，并澧为九，余水皆输注于九水"的说法，茹、温、娄、渫、黄、涔、澹、道八水的地位应该是相同的，至少都应该是澧水的一级支流，其实则不然，黄水就并非直接注入澧水。事实上，它是澧水支流渫水的支流，《水经注校证》记载：

> 黄水出零阳县西，北连巫山，溪出雄黄，颇有神异，采常以冬月，祭祀凿石，深数丈，方得佳黄，故溪水取名焉。黄水北流注于渫水，渫水又东注澧水，谓之渫口。④

① 〔清〕祁寯藻：《六弟书来问楚南近况，以诗代简答之》，收入〔清〕祁寯藻《祁寯藻集》第 2 册，三晋出版社，2011，第 59 页。
② 〔清〕杨恩寿：《坦园日记》卷六《长沙日记》，收入〔清〕杨恩寿《杨恩寿集》，王婧之点校，岳麓书社，2010，第 234 页。
③ 张步天：《水经注河川概论》，线装书局，2017，第 195 页。
④ 〔北魏〕郦道元：《水经注校证》卷三十七《淹水、叶榆河、夷水、油水、澧水、沅水、浪水》，陈桥驿校证，中华书局，2007，第 867 页。

（二）澧水水系的现代构成解析

现在的澧水有北、中、南三源，其中北源发源于桑植县五道水镇七眼泉，共有 21 条 5 级以上的支流，甘溪河、花鱼泉、王家河、长滩河、元宝溪、伍家河、鱼兰溪等河流直接汇入；[①] 中源出自湖南桑植、龙山，湖北宣恩三县交界的八大公山东麓，又名绿水河，共有 15 条 5 级以上的支流，如杨竹溪、山官寨沟、以咱河、洒湖溪、谌家河、肖家桥河等；[②] 南源出自湖南省永顺县万福山北麓，又名上洞河，共有 6 条 5 级以上的支流，如打鼓泉河、利福塔河、首水溪、风浪溪等。南、中二源在桑植两河口交汇后，向南与北源在桑植洪家关赶塔交汇，向南经桑植县澧源镇进入张家界永定区，至慈利纳娄水，至石门纳溇水，经临澧至澧县纳道水、涔水。澧水短小支流甚多，其中流域面积在 500 平方公里以上的有 8 条。[③] 以下，择要予以介绍。

娄水，亦称九溪河，俗名后江，古时为九澧之一。发源于湖北省鹤峰县下坪乡，北流折向偏东流，经鹤峰县城区称刘家河（沈家河），过走马乡经湖南桑植县，于慈利县汇入澧水，是张家界地区主要的地表水系，为澧水第一大支流。娄水长约 256 公里，流域面积在 5000 平方公里左右。娄水流域 80% 属峡谷区，河流穿行于石灰岩高山深谷之中，河谷狭窄处宽约 50 米，开阔处宽约 140 米，坡陡流急，总落差达 1670 米，[④] 为湖南省单位面积水能资源最丰富的河流。[⑤] 娄水的

---

① 桑植县地方志编纂委员会编《桑植县志》，海天出版社，2000，第 79 页。
② 桑植县地方志编纂委员会编《桑植县志》，海天出版社，2000，第 79 页。
③ 长江水利委员会水文局编《长江志》卷一《流域综述》第 1 篇《水系》，中国大百科全书出版社，2003，第 223 页。
④ 师长兴、齐德利、王随继：《张家界地貌发育过程研究》，中国环境科学出版社，2016，第 39 页。
⑤ 朱道清编纂《中国水系大辞典》，青岛出版社，1993，第 334 页。

主要支流有索溪、仁石溪、市场河等。索溪源出慈利山区,流至张家界森林公园东侧汇成金鞭溪,金鞭溪流至水绕四门汇合矿洞溪、楠木溪、龙尾溪,始名索溪,在慈利江垭注入溇水。索溪全长 63 公里,流域面积 534 平方公里。索溪风光秀美,张家界风景名胜区著名的"十里画廊",即分布于其支流甘溪的两岸。仁石溪发源于桑植县姬家界,自西北向东南流动,于慈利象耳桥注入溇水。市场河,发源于慈利三合口,于慈利市场河注入溇水,长 29 公里,流域面积 306 平方公里。

溇水,古时为九澧之一,因水流清澈,长波浃溇,故名溇水,系澧水第二大支流。溇水有南、中、北三源,北源出湖北省五峰县,称白溪河,中源出湖南省石门县壶瓶山高家界,称泉坪河,南源出石门曾家大界,汇纳若干小溪至金河,称金家河。三源先后在龙洞西北汇合,沿途接纳澧三河、黄虎港河、石家河、商溪、罗家溪等大小支流,在石门三江口注入澧水。① 溇水全长 165 公里,流域面积 3201 平方公里,所经之处多崇山峻岭,河道曲折,且多险滩。

道水,古时为九澧之一,亦名道河。有南、北两源。南源出慈利县五雷山东麓之三王峪,北源由东、西二泉组成,皆出自慈利县苗市镇,二泉汇合后向东南流,在尖刀嘴与南源汇合,合而东流。道水沿途接纳洲浒溪、龟溪、阳明溪、沙溪河等支流,经临澧县境,在澧县澧澹镇汇入澧水干流。道水全长 102 公里,流域面积 1364 平方公里,形似桑叶。

涔水,古时为九澧之一,也是比较早地为人们所认识的一条河流。曾经流寓沅澧流域的屈原在《楚辞·九歌》中吟唱:"望涔阳兮极浦。"

① 湖南省志编纂委员会编《湖南省志》第二卷《地理志》（下册）,湖南人民出版社,1987,第 541 页。

涔水有南、北两源。北源出自澧县西北毛司洞，南源出石门县大堰，经澧县境，二源同注王家厂水库，合流后在津市小渡口注入澧水，入澧水处，谓之澹口。涔水长 114 公里，流域面积 1188 平方公里。①

澹水，古时为九澧之一。有南、北两个源头，北源发源于石门县燕子山翟口毒，东流入澧县境后转入临澧县境。南源出二处，一处源于燕子山女儿垭，东流入临澧县境。两源在河曲峪合流。南北两支源流在临澧县谭家铺之两河口汇合，再流经新安、官亭等地入澧县境后于澧阳桥注入澧水。澹水全长 60 公里，流域面积 350 平方公里，较大支流有何家冲、廖家冲等。1957 年，临澧县在澹水上游建官亭水库，官亭塔以上北支 9 公里、南支 7 公里的澹水河道均被淹没。同年，澧县为消灭血吸虫病，填河灭螺，将官亭塔以下河道全部平废。原澹水上游来水，从官亭水库溢洪道泄出，至新安镇汇入澧水，下游则从澧县北三撇彭家峪入涔水。

三 澧水流域的经济开发与行政区划演变

行政区划是行政区域划分的简称，是国家为了进行分级管理而实行的区域划分。历史上，澧水流域行政区划也经历了一个漫长的发展演变过程，并与人们在这一地区的生产开发有直接关系。

（一）澧水流域行政区划的产生及其早期演变

《禹贡》分天下为九州，澧水流域属于荆州。战国时期，楚国的势力首先进入澧水流域。在《史记·秦本纪》所记载的秦孝公继位之

---

① 湖南省志编纂委员会编《湖南省志》第二卷《地理志》（下册），湖南人民出版社，1987，第 541 页。

初对天下形势的分析中,曾有"楚自汉中,南有巴、黔中"的描述。这里的黔中,即当时楚国在今湖南西部沅水、澧水流域所设立的郡一级行政机构。① 关于黔中郡的郡治,唐人所作的《史记正义》曾说,"楚黔中郡,其故城在辰州西二十里",唐代辰州即今怀化市沅陵县,位于沅水下游,酉水汇入沅水处。这说明当时楚国对湖南西部的开发是以沅水流域为中心的,澧水流域的开发程度还相当有限。秦国强大起来以后,在与楚国的较量过程中,对包括澧水流域在内的湘西地区展开了争夺。秦昭襄王二十七年(前 280),秦国派将军司马错以"陇蜀军攻楚",楚割汉北与秦,三十年(前 277)又取楚巫、黔及江南地,以为黔中郡。澧水流域被置于秦国的管辖之下。

秦统一六国后,中央王朝加快了对澧水地区的开发。当时将天下划分为 36 个郡,今湖南地区有长沙郡和黔中郡,其中澧水流域大部分属黔中郡,只有下游接近洞庭湖的一小部分属长沙郡。秦王朝还在黔中郡设置了慈姑县,这也是"澧水流域第一个建制县"②。慈姑县范围广大,今澧水流域的桑植、永定、慈利、石门、临澧、澧县等地区均在其管辖范围内,治所在今慈利县官塔坪。明万历年间仍有城址,"瓦砾堆积,人呼为官塌"③。西汉王朝建立后,于汉高祖五年(前 202)罢黔中郡,改设武陵郡,治义陵(今溆浦),同时撤销慈姑县,分其地为屠陵、零阳、充县三个县。其中,充县位于澧水上游,今桑植、张家界以及湖北的来凤、宣恩等地均属其管辖,治所在今桑植县。零阳在澧水中游,因其位于澧水支流零水(又名零溪河)之阳而得名,管辖范围包括今慈利、石门、临澧及澧县的一部分,治所在

---

① 周书灿:《战国时期楚国置郡问题三论》,《贵州师范大学学报》(社会科学版)2010 年第 3 期。
② 湖南省地名公共服务工程领导小组办公室主编《湖南古县》,中共党史出版社,2017。
③ 〔明〕陈光前:《万历慈利县志》卷十《附古迹》,明万历元年刻本。

今慈利县。孱陵位于澧水下游，管辖今津市、安乡、澧县及湖北公安、松滋、监利等地，治所在今湖北公安县。王莽代汉后，曾改武陵郡为建平郡，郡治义陵县为建平县。东汉光武帝时期，恢复原名。东汉时期，澧水流域仍分属武陵、长沙二郡，光武帝时期澧水主体部分在武陵郡，下游靠近洞庭湖的部分属长沙郡管辖。光武帝建武十六年（40）析孱陵县置作唐县，治所在今安乡县。

　　三国时期，武陵郡先属蜀，后归吴。吴景帝永安六年（263），嵩梁山（今天门山）裂，"山门洞开，玄朗如门，高三百丈，广二百丈，门角上各生一竹，倒垂下拂，谓之天帚"。① 景帝孙休以为祥兆，遂析武陵郡北部置天门郡，辖境为今澧县以西的澧水流域地区，澧县以东地区为南郡管辖，领作唐、孱陵等县，治今湖北公安县。孙吴还在澧水支流的溇水流域设置了溇中县，治所在今慈利县西北。尽管此时澧水流域仍被分割为两个不同的郡管辖，但天门郡的设立，使得澧水流域的主体部分开始以一个独立的地理单元出现在中央王朝的行政版图当中，是澧水流域行政区划演变历史上具有重要意义的事件。

　　孙吴政权对澧水流域行政区划的调整为西晋王朝所继承并发展。晋武帝太康年间，析南郡江南地为南平郡，初治今安乡县，后徙今湖北公安，辖作唐、孱陵等四县。又析零阳县地置溇阳（治今临澧县）、澧阳（治今石门县，以地在澧水之阳得名）二县，以充县地近澧水，改其名为临澧县（非今临澧县），后溇阳并入澧阳，天门郡治移于澧阳。西晋末年，北方人口大量南迁，其中，河南义阳郡（今河南信阳）大批民众迁至澧水流域的今安乡、澧县等地，为加强对南迁流民的管理，东晋王朝在这一地区设立了南义阳郡。南朝时期，澧水流域

---

① 〔北魏〕郦道元：《水经注校证》卷三十七《淹水、叶榆河、夷水、油水、澧水、沅水、浪水》，陈桥驿校证，中华书局，2007，第867页。

大部分属天门郡管辖，下游靠近洞庭湖部分为南义阳郡管辖。梁敬帝绍泰元年，西魏攻梁，并于魏恭帝二年（555）废天门郡置澧州，治澧阳县，领澧阳、零阳、溇中、临澧四县，又置石门郡于零阳县。陈文帝天嘉二年（561）析屠陵县置安乡县。北周建德四年（575），合溇中、临澧二县为崇义县（治今桑植），置北衡州，治崇义。

总体来看，隋代以前，澧水流域的行政区划经历了一个逐渐升格的过程，即从一个附属于沅水流域的行政区逐渐升级成为单独的行政区。这表明，随着澧水流域开发程度的加深和经济文化的发展，统治者开始以较为平等的眼光看待这两个同处于湖南西部地区的水系，不再视澧水流域为沅水流域的附庸，澧水流域在整个国家行政区划体系中的地位得到了提升。

（二）澧州的沿革与兴废

隋统一中国后，对全国的行政规划进行了大规模的调整，废除了东汉以来实行的州郡县三级制，改为州县二级制。隋炀帝继位后，又将州改为郡，实行郡县二级制。在这种背景下，澧水流域的行政区划也在前代基础上进行了一些调整，其结果是将该流域相对完整地置于澧州这一行政区下进行管辖，直至清末，虽名称间有变化，辖地时有缩减，但澧州作为澧水流域内最主要行政区的地位始终未变。

隋文帝开皇九年（589）改澧州为松州，旋复名澧州，罢石门郡为石门县，罢南义阳郡、南平郡，并作唐县入屠陵县，与澧阳、安乡、零阳等县同属澧州管辖。开皇十八年（598）改北衡州为崇州，更零阳县为慈利县，与崇义等县同隶崇州。大业三年（607）废崇州，改澧州为澧阳郡，同时将原南平郡并入澧阳郡，新的澧阳郡辖慈利、石门、崇义、屠陵、澧阳、安乡六县，治澧阳，基本上将澧水流域完整地包括在内。

唐代继承了隋代在澧水流域的行政区划。唐武德四年（621），废澧阳郡，复为澧州，属江南西道。唐太宗贞观二年（628），并屠陵县入安乡县，高宗麟德元年（664），并崇义县入慈利县，玄宗天宝初年，改澧州为澧阳郡，肃宗乾元初年，复为澧州。乾元二年（758），设澧朗叙都团练使，领澧州、朗州、叙州三地，治澧州，主要管辖澧水、沅水下游一带，乾元四年（760）废。唐僖宗广明元年（880），黄巢起义军攻陷澧州。昭宗光化元年（898），升为武贞军节度使，仍治澧州，领澧州、朗州、叙州三地。

五代十国时期，湖南建立了马楚政权，该政权以长沙为首府，共传五主，历 45 年，全盛时，统治范围包括今湖南全省、广西大部、贵州东部和广东北部。其中澧水流域沿用了原来唐朝的州、县设置。

宋代地方政区实行路、州（府）、县三级制，军治兵、州治民。湖南属江南西道，道改路后，隶属于荆湖路，咸平二年（999），荆湖路被分为荆湖北路和荆湖南路，澧水流域属于荆湖北路澧阳军州，治澧县，下辖慈利、石门、澧阳、安乡四县。宋仁宗时期，澧水上游实行土司制度，有安福寨、茅岗司、索口寨、添平司等，又有"荒溪""桑植"两个宣抚司。

元朝建立后，推行行省制度，对澧水流域的行政区划也进行了调整。元初，升澧州路，属湖广行省管辖。至元十九年（1282），升慈利县为慈姑州，不久又改名为慈利州，同时于上游少数民族聚居地设置柿溪州，内有上桑植司、下桑植司。元代，澧州路下辖澧阳、石门、安乡三县及慈利、柿溪二州，治澧阳县（今澧县）。

明代行政区划有布政使司和都司卫所两大基本系统。澧水干流中下游地区主要为湖广布政使司管辖，元末，至正二十四年（1364），时自号吴王的朱元璋将澧州路改为澧州府，罢柿溪州。洪武二年（1369）降慈利州为慈利县，洪武九年（1376）降澧州府为澧州，划归常德府管辖，并将澧阳县划出，新的澧州下辖石门、安乡、慈利三县，洪武三十年（1397）将澧州由常德府划归岳阳府管辖，而今澧水上游地区少数民族聚居地区则属湖广都司管辖范围。元末朱元璋平定湖广后，在澧水上游建立了大批卫所，其中有 4 个直隶都司，澧州所为其中之一，洪武二年（1369）以永顺宣慰司羊峰地创羊山卫，后因屯饷艰阻，迁往慈利西南一百八十里处，因临庸水之阳，名大庸卫。洪武四年（1371），设安福千户所，洪武二十二年（1389），安福土千户夏德忠联合九溪诸峒反叛，明军平叛后改设九溪、永定二卫，改大庸卫为千户所，隶属于永定卫。至此，"明代形成了以九溪、永定二卫为中心，以土、汉各千户所、隘百户所为依托的湘西北地方军事防御体系，这一军事防御体系既控制桑植、容美、保靖、永顺等强大的土司势力，又保障澧州、常德、辰州等经制郡县地区行政安全"。[①] 此外，随着水运的发达，澧水下游的一批市镇逐渐繁荣起来，嘉靖、万历年间，澧州境内形成了道源、津市、合口等七个"千户之聚"的市镇。

清初，湖南属湖广省，分省后，下辖 7 府，2 直隶州，共 6 州 57 县。澧水流域的行政区划与前代相比也出现了不少变化。在中下游地区，清初沿袭明制，澧州领石门、慈利、安乡三县，属岳州府管辖。上游地区则于雍正七年（1729）实施改土归流，设置桑植县，划归永顺府管辖，同时改九溪、永定二卫为安福县（即今临澧县），划归澧州管辖。同年十一月，因澧州离府治太远，升澧州为直隶州，安乡、石门、慈利三县往属。雍正十三年（1735），又于原永定卫城添设永定县，仍归澧州管辖，至此，清代澧州直隶州下辖 5 个县：安乡、石

---

① 孟凡松：《卫所沿革与明清时期澧州地区地方行政制度的变迁——以九溪、永定二卫及其属所为中心》，《历史地理》第 23 辑，上海人民出版社，2008。

门、慈利、安福、永定，均为澧水流域地区。清代中叶，澧水下游市镇进一步繁荣，雍正十一年（1733），移嘉山巡检司驻津市，乾隆三十二年（1767）澧州州判移驻津市。

在清代，澧州还是"道"一级行政机构的驻地。康熙九年（1670）二月，清廷改分守上荆南道为分巡岳常道，驻澧州，辖长沙、宝庆、岳州、常德四府，雍正七年（1729）十一月，增辖澧州直隶州，改名为岳常澧道。雍正十二年（1734）七月，长沙、宝庆二府划归驿盐道管辖，光绪二十年（1894）增辖南洲直隶厅，光绪二十五年（1899）五月，迁驻岳州府，监督岳州商埠。

值得一提的是，澧水流域还曾被长期作为封建王朝安置皇室宗族的封地。唐高祖李渊第十二子李元则，于武德四年（621）被封为荆王，贞观十年（636）改封彭王，贞观十七年（643）任澧州刺史，其间"折节励行，颇著声誉"①，永徽二年（651）薨，高宗废朝三日，赠司徒、荆州都督，陪葬献陵，谥曰思。唐高宗第三子杞王李上金，获罪免官后，也曾被安置于澧州。唐宪宗第二子李恽，曾被封澧王。明仁宗洪熙元年（1425），明廷将原来封于四川的华阳王朱悦耀徙于澧州，此后一直在澧州传承，直到明末澧州被农民起义军攻破。

（三）1911 年后澧水流域的行政区划

武昌起义爆发后，湖南新军于 1911 年 10 月 22 日宣布起义，成立中华民国湖南军政府，后改名为中华民国军政府湖南都督府，民国十五年（1926），广州国民政府成立湖南省政府，后相继改属武汉国民政府、南京国民政府。

---

① 〔后晋〕刘昫等：《旧唐书》卷 64《高祖二十二子》，中华书局，1975，第 2428 页。

在澧水流域的行政区划方面，民国初期，对清代原有的一些县进行了调整。1913 年，撤销澧州，改为澧县。因安福县与江西安福县重名，1914 年改为临澧县，又因永定县与福建永定县重名，改为大庸县。同年，划分湖南全省为湘江、衡阳、武陵、辰沅四个道，澧水流域开始被划入武陵道，武陵道的管辖范围相当于清代岳常澧道，驻常德县，管辖包括澧县、石门、慈利、安乡、临澧等澧水流域县在内的15 个县。1916 年裁撤武陵道，澧县、安乡、临澧等县归入湘江道，石门、慈利、大庸等归入辰沅道。1922 年湖南道制撤销，仅存省、县二级。

澧水流域也曾是中国革命的摇篮，在党的领导下，这里先后建立了湘鄂西革命根据地、湘鄂川黔革命根据地。红军长征后，国民党政府为了加强对湘西地区的统治，在沅陵成立了湘西绥靖处，将指定绥靖范围的 19 个县划为慈石庸区、沅泸辰溆区、永保龙桑区、芷黔麻晃区、乾凤古绥区五个行政督察区。澧水上中游的桑植划归永保龙桑区管辖，慈利、石门、大庸划归慈石庸区管辖。每区设专员一名，直接管理各县的政治军事事宜。凡区域内各县县长、保安团长、义勇队长及其所属员兵，均由专员考核，每三个月一次，半年总核一次。1936 年 5 月，国民党中央行政院颁布《行政督察专员公署暂行条例》后，湖南省政府将已经成立的各行政督察区改组，设立专员公署，同时重新划定行政督察区。除原有的 19 个县外，又将澧县、临澧、靖县、会同、绥宁、通道 6 个县一并列入，划为 4 个区。其中，澧水流域的慈利、石门、大庸、临澧、澧县、桑植六县被划分为第 2 区，专员公署设在慈利。[①] 1937 年将全省划分为 9 个区，澧水流域中下游的

---

① 湖南省志编纂委员会编《湖南省志》第一卷《湖南近百年大事纪述》，湖南人民出版社，1980，第 715 页。

慈利、石门、临澧、澧县被划分在第2区，专署驻常德县。桑植、大庸被划分在第3区，专署驻永顺县。1938年，湖南全省调整为10个行政督察区，大庸、桑植属第8督察区，专署驻永顺县。慈利、石门、大庸、临澧、澧县、桑植六县被划分入第4区，专署驻常德县。同年11月，第4专署驻地由常德迁往澧县。

1949年7月，人民解放军由鄂、赣边境挺进湖南，先后解放湘北、湘东诸县，直逼省会长沙。7月23日，津市和平解放，7月24日，临澧和平解放，7月27日澧县解放。8月4日，国民党湖南省政府主席程潜、第一兵团司令陈明仁率部在长沙起义，宣布脱离国民党政府，次日，人民解放军进入长沙，湖南和平解放。在毛泽东主席的直接指示下，中央代表团与起义军政代表数度协商，先后成立长沙市军事管制委员会和湖南人民军政委员会，8月24日，陈明仁致电毛泽东主席和朱德总司令，将省府名称改为"湖南临时省政府"，并由中共派员参与工作。澧水流域先期解放的津市、临澧、澧县等地区先后成立了人民政府，1949年10月16日，中国人民解放军解放桑植，成立桑植县临时人民政府。

1952年前，澧水流域桑植、大庸两县隶属永顺专署，石门、慈利、津市、临澧、澧县属常德专署。1952年永顺专署撤销，成立湘西苗族自治区，改由湘西苗族自治区代管。1954年4月自治区改为自治州。1988年5月经国务院批准成立地级市大庸市，慈利、桑植两县和永定、武陵源两区划归大庸市管辖。1994年4月4日，经国务院批准，大庸市更名为张家界市，仍辖永定、武陵源两区和慈利、桑植两县不变。

在澧水流域诸多县市中，值得一提的是津市行政区划的多次变化。1949年8月4日，成立津市人民政府，隶属常澧区行政专员公署，8月28日，改隶属常德区行政专员公署。经过几次反复变革，

1949 年 11 月 26 日，根据中央人民政府政务院"人口不足五万不设市"的精神，改为澧县管辖的市，1950 年，改为常德行政专员公署管辖的专辖市，1952 年，撤市改镇，归澧县管辖。1953 年 9 月，核定为常德行政专员公署领导的省辖市。1958 年，与澧县合并，1961 年，经国务院批准，恢复隶属常德行政专员公署，1963 年 7 月，撤市改称镇，为澧县津市镇。1979 年，恢复津市市，由常德专署管辖。1988 年，经国务院批准，再次确定为省辖市，实行省计划单列，由常德市代管。①

---

① 津市志编纂委员会编《津市志》，教育科学出版社，1993，第 29 页。

‖ 第二章 ‖
澧水流域的文化源流及其构成

澧水流域是一块神奇的土地，这里有光辉灿烂的远古文明，是中华民族文明的重要源头，这里也有独具一格的山水文化，是湖南锦绣潇湘风光的重要组成部分。这里也是中国革命的重要策源地之一，中国共产党成立以后，以贺龙、周逸群等为代表的革命者在这里先后创建了湘鄂边、湘鄂西和湘鄂川黔革命根据地，形成了内容丰富的红色文化，构成了澧水流域文化链条上重要一环。

一 悠远光辉的远古文明：中华文明的重要源头之一

作为当今世界唯一延续至今未曾中断的文明形态，中华文明从何而来，其源头在哪里，一直备受学术界的关注。2002 年，由科技部立项的"中华文明探源工程"启动，经过多学科多年的共同努力，人们对于中华文明起源的认识逐渐清晰。研究表明，中华文明存在黄河、长江和西辽河等多个源头。而考古发掘表明，地处长江中下游洞庭湖水系范围内的澧水流域，也曾产生过非常发达的文明，是中华文明的重要源头之一。

（一）"澧水文化类群"：具有鲜明地域特征的旧石器文明

澧水流域是湖南旧石器遗址分布最为集中的区域。在距今 50 万

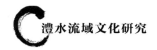

年左右的旧石器时代早期，澧水下游就有了人类活动的足迹。20 世纪 80 年代以来，考古工作者在澧水下游和洞庭湖西岸的平原地区先后发现了大量旧石器时代遗址，出土了一大批打制石器，包含了旧石器时代早期偏晚阶段、旧石器时代中期、旧石器时代晚期和末期连续发展的四个文化——虎爪山文化、鸡公垱文化、乌鸦山文化和十里岗文化。因其具有鲜明的地域特征，被考古学家命名为"澧水文化类群"①。

1. 虎爪山文化

1987~1988 年，考古工作者在澧水流域津市虎爪山、沙儿岭、钟家岗等五个地点采集到大量旧石器，其中虎爪山地点因配合基建工程，于 1988 年 5 月由湖南省文物考古研究所试掘 60 平方米，出土石制品 7 件，1994~1997 年初，在当地砖厂取土过程中，又采集到石制品及石料 126 件。这些石器可分为石片石器和砾石石器两大类，器形有砍斫器、切割器、刮削器、尖状器、薄刃斧、石球、石锤等。经鉴定，虎爪山旧石器遗址属于旧石器时代早期，华南砾石石器文化传统，为湖南省已发现时代最早的旧石器遗址。2013 年 5 月，被公布为第七批全国重点文物保护单位。

2. 鸡公垱文化

位于澧县县城南 3 公里澧水右岸二级阶地上的鸡公垱遗址，系一处旧石器时代中期的遗址，该遗址发现于 1987 年 10 月，1988 年 10 月正式发掘。考古工作者在阶地上部网纹红土黏土堆积中发现石制品 200 多件，这些石器的原材料主要来自河床砾石，岩性主要是石英砂岩，也有砂岩、石英、燧石等，器形有石片、石核、砍斫器、刮削器、大尖状器、石球、石锤、石砧等，其中大三棱尖状器最具特色，

---

① 袁家荣：《湖南旧石器时代文化与玉蟾岩遗址》，岳麓书社，2013，第 135 页。

小型的刮削器少。特别值得一提的是，鸡公垱遗址发掘出一个石制品密集的分布面，在大约 16 平方米的范围内出土了 150 多件石制品，其高不超过 30 厘米，没有任何河流搬运痕迹，系原地埋藏，推测可能为古人类的生活场所，很可能是石器加工场地。[①]

鸡公垱遗址是澧水流域发现的第一处旧石器时期遗址。1989 年 3 月 17 日，《中国文物报》在头版报道了该遗址的发掘情况，认为其填补了洞庭湖区旧石器时代考古的空白，为探索南方旧石器时代地点的分布规律和研究华南旧石器文化发展序列增添一批新资料。[②]

在澧水流域，与鸡公垱遗址性质相同的旧石器地点还有很多，主要分布在该流域的中、下游地区，位于石门县的大圣庙遗址就是其中的一个。1987 年湖南省文物普查期间，考古工作者在石门大圣庙发现了几处旧石器时代遗址，因大圣庙地点较突出，故命名为大圣庙遗址。该遗址位于澧水南岸高 9 米至 10 米的二级阶地上，出土石器共 20 余件，包括大石片、大石片砍砸器、砾石三棱尖状器、手斧形尖状器、刮削器、石核和小石片。这些石器打击点明显，半锥体凸出，放射线清晰，打击方法洗练，有的甚至呈对称构成，显示了进步的打制石器技术。有部分石器有修理台面的痕迹，还有部分石器握手部稍经修理，二次加工痕迹很少。[③]

3. 乌鸦山文化

位于常德澧县澧南镇，澧水一级支流道水左岸二级阶地的乌鸦山遗址是澧水流域内一处旧石器时代晚期的遗址。该遗址发现于 1988

---

① 袁家荣：《湖南旧石器的埋藏地层》，载于炳文主编《跋涉集》，北京图书馆出版社，1998。

② 安强：《洞庭湖区发现十万年前人类活动遗迹　鸡公垱遗址的发掘填补了洞庭湖区旧石器时代考古的空白　为探索南方旧石器时代地点的分布规律和研究华南旧石器文化发展序列增添一批新资料》，《中国文物报》1989 年 3 月 17 日，第 1 版。

③ 笪浩波：《探古寻踪——长江流域的古代文化遗址》，武汉出版社，2006，第 22 页。

年，1992年由湖南省文物考古研究所主持进行了第一次考古发掘，出土石器200多件。[①] 大型石器包括砍砸器、手斧形石器、大尖状器、石锤等砾石石器，小型石器主要为各种形式的刮削器和尖状器。制作方法为锤击法，单面打击多于两面打击，同时还存在错向加工。2011年，因当地防洪堤建设工程取土，遗址遭到较大程度的破坏，同年4～6月，湖南省文物考古研究所联合澧县文物局进行了抢救性发掘。这次发掘，共出土1710余件石制品，并在遗址中发现了较多的搬运砾石，考古工作者据此推测，这一地区的古人类在生产活动中可能有储存石料的行为。[②]

4. 十里岗文化

位于今澧县澧东乡十里岗村的十里岗遗址是澧水流域又一处具有代表性的旧石器遗址。该遗址位于澧水左岸二级阶地上，1998年被当地文物部门发现。2000年，由湖南省文物考古研究所主持进行了考古发掘，共出土石制品993件，包括砾石、石锤、石砧、石核、石片、工具和各类废品，另有少量赤铁矿和烧石，是一套比较完整的打制石器组合。这些石制品的原料以燧石为主，其次为石英，石英砂岩和石英岩的数量很少，其中又以黑色、棕色为多，以微小和小型为主。这些石器以单向加工的锤击法制作而成，与湖南及华南地区旧石器早、中期的典型砾石石器工艺明显不同，而与华北地区的小型石片石器工艺较为接近，这为探讨华南旧石器技术的发展和中国南、北旧石器文化的交流等问题提供了重要材料。[③]

5. 燕儿洞遗址及人类化石的发现

除了一系列连续发展的旧石器文化遗址，考古工作者还在澧水的

---

① 封剑平：《澧县乌鸦山旧石器遗址调查报告》，《湖南考古辑刊》第7集，1999。
② 湖南省文物考古研究所：《湖南澧县乌鸦山旧石器遗址2011年发掘简报》，《江汉考古》2019年第6期。
③ 李意愿等：《湖南澧县十里岗旧石器时代遗址发掘简报》，《考古与文物》2020年第1期。

一级支流溇水附近发现了旧石器时代人类化石。该化石出土于石门县阳泉乡邢家桥村附近的风堡岭燕儿洞，溇水在这里急转南下，在左侧凹岸的石灰岩陡壁上发育了三层溶洞。燕儿洞遗址由两个洞穴组成，分别被命名为Ⅰ号洞和Ⅱ号洞，遗址出土了包括猕猴、东方剑齿象、熊、虎、牛、羊等在内的大量哺乳类动物化石。人类化石发现于Ⅰ号洞，系一件股骨中部的残段，黄白色，中等石化程度。骨表具有清晰的纵向沟纹，经研究，其各种观察特征与现代人接近，属智人。[①] 燕儿洞遗址还发现有古人类下颌骨残段、跖骨化石各一件，牙齿三枚，分别为右下臼齿、右上臼齿和前臼齿。

　　燕儿洞遗址古人类化石是目前湖南境内唯一一处旧石器时代晚期人类化石，值得注意的是，在洞内同时还发现了打制石器、骨器等工具，证明该洞是当时人类活动的场所。

　　除了自然条件较为优越的下游地区，澧水中上游也有原始人类活动的足迹。1988 年，在桑植县澧源镇朱家台村北的澧水右岸三级阶地，第四纪红色网纹土层中，发现了砍砸器、石片等打制石器，原料为砂岩、石英砂岩。1986 年，慈利县文物部门在位于溇水和澧水汇合处以东 1 公里的左岸二级阶地上，发现了大量打制石器，因该地靠近当地金台村，遂命名为金台遗址。于金台遗址采集的旧石器有砍砸器、尖状器、刮削器、石斧、石球等种类，每件石器上都保存着砾石面，说明石器原料来自附近的河滩，质地以砂岩为主，有石英砂岩和粗砂岩两种。[②] 另外，金台遗址还发现有不少时代较晚的盘状器，为研究澧水中上游古文化发展序列提供了重要实物资料。

---

① 湖南省文物考古研究所、石门县博物馆：《石门县燕儿洞旧石器遗址试掘》，《湖南考古辑刊》1994 年第 0 期。

② 吴贤龙、孙先平：《湖南省慈利金台石器时代遗址调查简报》，《湖南考古辑刊》1999 年第 0 期。

（二）作为中华稻作文明的重要发祥地之一的澧水流域

作为全世界栽培面积最广的粮食作物之一，水稻在今天已经遍布全球各地，种植面积占世界粮食种植总面积的20%，稻米是世界上一半以上人口的主食。中国是世界上最早进行水稻栽培的国家，目前已发现的万年以上的古稻遗址就有湖南道县玉蟾岩遗址、江西万年仙人洞遗址和吊桶环遗址三处。

澧水流域是中华稻作文明的重要发祥地之一。以位于澧水下游澧县彭头山遗址命名，包括澧县李家岗、八十垱、下刘湾、肖家岗、黄麻岗、曹家湾以及临澧县金鸡岗等十余处遗址的"彭头山文化"，是我国长江中游地区目前已知年代最早的新石器时代文化。考古发掘表明，这一地区在距今8000年前即已存在早期的稻作农业，毫不夸张地说，澧水流域的文化也在相当程度上促进了中华文明的发展。

1. 彭头山遗址与"八十垱古栽培稻"的发现

1988年11月，考古工作者对位于澧县县城西北12公里的大坪乡彭头山一处新石器遗址进行发掘，这里海拔高度不足45米，相对高度5米，周围地势开阔平坦，西、南残存有澧水支流涔河的小支流河段。遗址年代为距今8800～8200年。在遗址中发现有房址、墓葬、灰坑等，房址有地面式和半地穴式两种，墓葬以二次葬为主，出土遗物有陶器、打制石器、磨制石器。[①] 尤其值得注意的是，彭头山遗址几乎所有陶器器壁上都可以观察到许多清晰的稻壳和谷粒的炭化痕迹，"它们并非制陶过程中偶然混入的杂物，而是有意识地将稻壳作为主要掺和料之一"[②]，目的在于增强陶器器壁的结构力和改善透气性。

---

① 裴安平、曹传松：《湖南澧县彭头山新石器时代早期遗址发掘简报》，《文物》1990年第8期。

② 裴安平：《彭头山文化的稻作遗存与中国史前稻作农业》，《农业考古》1989年第2期。

如果说彭头山遗址发现的稻谷还不能被完全肯定为人工栽培稻，此后在这一地区所进行的多次考古发掘则完全证明了澧水下游稻作文明的悠久历史。1989 年，距离彭头山不远的李家岗遗址发掘时，又发现了超过 8000 年的陶片中夹杂着的稻壳、稻谷。1993～1997 年，在澧县梦溪乡五福村八十垱遗址进行的连续考古发掘中，在灰坑土样测试时发现了极为密集的水稻孢子花粉，经判断是成堆的稻草、稻壳烧过或腐烂后的遗存。更为重要的是，在遗址边缘的古河道淤泥中，出土了数以万计的稻谷和稻米，出土时形态完好无损，许多谷粒上还带着芒。据鉴定可知当时的栽培稻品种是一种兼有籼、粳、野特征的正在分化的倾籼小粒形原始古栽培稻，被命名为"八十垱古栽培稻"[①]，后被展示于中国历史博物馆。

此外，八十垱遗址还发现了南北长约 300 米，东西最宽处 160 米的人工修筑的聚落环壕与围墙，壕沟上宽约 4 米，下宽及深约 2 米；围墙底宽约 5 米，高 1～2 米。墙内建筑遗址分为半地穴式、地面式、干栏式和台基式，内有灶坑。遗址还发掘出墓葬 100 余座，随葬品以陶器为主，还有数十种植物种子、动物和家畜骨骸及各种骨、竹、木器、编织物，这些都充分说明当时澧水下游的先民们已经过上了农耕定居生活。

2. 被称为"城池之母、稻作之源"的城头山遗址

除了大量的稻谷颗粒，考古工作者还在同样位于澧水下游的城头山遗址发现了目前世界上最古老的人工种植水稻田。该遗址首次发现于 1979 年，1991～2011 年进行了 10 余次发掘，在位于古城东城门北侧 10 余米处的城垣下，考古发掘清理出了距今 6000 多年的古稻田，这些稻田利用原生地面由东南向西北略呈倾斜走向的凹槽地形，采取

① 张文绪、裴安平：《澧县梦溪八十垱出土稻谷的研究》，载王象坤、孙传清主编《中国栽培稻起源与演化研究专集》，中国农业大学出版社，1996。

与凹槽两边平行垒筑田埂形成田丘，现已清理出三丘。这些稻田平行排列，长度在 30 米以上，最大的一丘宽 4 米多，田埂之间是平整的厚 30 厘米的纯净灰色田土，为静水沉积。田丘表面平整，显出稻田所特有的龟裂纹，剖面可清晰见到水稻根须。田土中含有不少稻叶、稻茎、稻谷，田土中的稻谷硅质体含量很高，接近于现代稻田。稻田旁边有蓄水坑、流水沟等灌溉设施。这也是世界上目前所见历史最早、保存最好的水稻田遗迹。它的发现，将中华文明史向前推进了1000 多年，因而被中国考古学界称为 20 世纪末最重要的发现之一。城头山古城有"城池之母、稻作之源"之称。1995 年 3 月 25 日，时任国家主席的江泽民视察澧县时为其题词"城头山古文化遗址"。2001 年，城头山遗址被评为"中国 20 世纪 100 项考古大发现"之一，镌刻在"中华世纪坛"的青铜甬道上。

二 瑰丽奇特的山水文化："锦绣潇湘"的重要一环

澧水从武陵山区的高山峡谷中喷涌而来，沿途接纳大大小小多条支流，自西向东向着烟波浩渺的八百里洞庭奔去。澧水的长度很短，但它有奔放的性格，单位面积产水量即径流模数居湖南"四水"之冠，曾在漫长的历史中给人类带来了数不清的挑战。澧水的地理位置也很偏僻，但它有瑰丽的风貌，独特的地理环境孕育了它的"奇峰三千、秀水八百"，成为历代迁人骚客歌咏不绝的主题。千百年来，在这样的山山水水的滋养下，形成了独具一格的山水文化，构成了湖南锦绣潇湘的一环。

（一）为澧水流域山水文化奠定底色的自然山水

澧水是一条灵秀的河流，虽然在湖南湘、资、沅、澧四条主要河流中，澧水的流域面积是最小的，但这里的自然山水、风光景色，较之其他三条河流毫不逊色。

在它的上游，有国家级自然保护区，被誉为"天然博物馆"和"物种基因库"的八大公山。这里山峰高耸，层峦叠嶂，幽谷深澈，海拔千米以上的高峰有300多座，相对高差大，山体雄伟。景区内，林海莽莽，遮天蔽日，仿佛一座巨大的绿色迷宫，这里有亚热带最完整、面积最大的原生型常绿阔叶林，能观赏到形神兼备的"夫妻树""醉汉林"、天造地设的"七姊妹""十六兄弟"等数处植物景观，还能看到数不清的藤萝，匍地爬壁，攀树悬木，宛如一幅幅龙柱、画壁、蛛网。澧水上游，绿意环绕，有"绿水六十里，水成靛澧色"的美称，屈原"沅芷澧兰"的吟唱更赋予了其"兰江"这一诗意的美名。

在澧水的中游，有举世闻名的"张家界地貌"，经过长期的风雨剥蚀和溪水深切，形成了独具一格的砂岩峰林景观。澧水干流从张家界永定区青安乡田家岗至青鱼塘的一段，因沿岸山上水边到处长满茅草，故得名茅岩河。茅岩河地处幽谷奇峡之中，这里滩多流急，河流坡降大，河水时而急流奔腾，时而波平如镜。河流两岸为200多米高的悬崖峭壁，又多岩溶作用形成的各种洞穴。洞内各种形状的钟乳石横生倒挂，千姿百态。例如距慈利澧水南岸约2公里的槟榔洞，洞中产石，状如槟榔，故而得名。明人胡容曾到此一游，作有《槟榔洞记》一文，描述了这里的洞穴奇景和民间风情，其云：

　　既入洞，萦纡而下，谽然轩敞，苔斑错落，石室谽谺，巧若天造。岩畔多穴而空，令童子出没其中以为戏。行未一里，则岩门洞开，高数百尺。出崖门，四周环壁如城中。有坪，土人谓之尔坪。下有溪，春夏水涨，穿崖而出，有石如笋，旁有矶头崖，崖有仙机杼、仙皂舆，争往观之，小猿鱼贯从中出，缘枝踯躅而呼予，携胡床列坐碧莎间。[①]

如今的茅岩河，全长 50 公里，沿河两岸青崖石壁耸立，瀑布高悬，古木参天，林木葱茏，古朴而神奇的景观比比皆是，有"百里画廊"之称。加之滩多浪急，野趣横生，自从 1986 年永定区旅游局受长江探险漂流的启发，在这里首创国内橡皮舟漂流旅游以来，茅岩河漂流已成为张家界一项别具特色的精品旅游项目。

作为澧水一级支流道水发源地的五雷山，是澧水中游一处极具文化底蕴的名山。它位于武陵山区腹地，东界临澧县，南连桃花源，北抵夹山寺，西通武陵源，是张家界东大门胜地。五雷山原名大维山，因主峰金顶分出数脉，呈辐射状伸出，有如《淮南子·天文训》中的"地维"而得名。唐时，卫国公李靖于此草创道观。元至正四年（1344），翰林编修张兑"归隐兹山，布施福地"。万历年间，明王朝册封在澧水流域的常德荣定王和澧州华阳王又在此增修 36 宫，72 殿，与湖北武当山的 8 宫、2 观、36 庵和 72 崖庙齐名，号称"南武当"，又有"北武当，南五雷"之称。

澧水的下游，风光秀丽，环境优美。比如位于津市新洲，为津市与临澧交界山的嘉山。此山为武陵余脉，山势自西南蜿蜒而来，至此而止，澧水环流于下，西眺武陵群峰，北望澧水东流，湖光山色，典雅丽秀，有"洞庭天下水，嘉山天下秀""八百里洞庭止嘉山"的美誉。

（二）为澧水流域山水文化增添一抹亮色的山水诗文

对自然风光的吟咏一直是传统诗文的重要方面，对于澧水流域的

---

① 夏剑钦编《湖南纪胜文选》，湖南师范大学出版社，2011，第 384～385 页。

奇山秀水，历代文人迁客也从不吝惜笔墨。这些吟诵至今的文字，已经同它所描述的这片土地上的山山水水融为一体，形成了这一流域独特山水文化的一部分。

早在先秦时期，伟大的爱国主义诗人屈原就在其流放途中且行且吟，留下了"沅有芷兮澧有兰"的著名诗句。在他的《湘夫人》《湘君》等诗作中，多次提到"澧浦""涔阳"等位于今澧水流域的地名，并以"遗余佩兮澧浦""望涔阳兮极浦""遗余褋兮澧浦"等诗句，对澧水流域的香草名木进行了大量描写。屈原的这些吟诵，赋予了澧水浪漫多奇的艺术形象，对后世影响很大。

隋唐以后，随着南北方交流的加深，秀美的澧水山水越来越多地为世人所知。唐代诗人卢照邻曾在澧水江中凝望一轮圆月，并写下了这样的诗句：

> 江水向涔阳，澄澄写月光。镜圆珠溜彻，弦满箭波长。
> 沉钩摇兔影，浮桂动丹芳。延照相思夕，千里共沾裳。

唐代著名边塞诗人岑参，也曾在《澧头送蒋侯》一诗中描绘澧水江畔的田园风光："两村辨乔木，五里闻鸣鸡。饮酒溪雨过，弹棋山月低。"如果说上面这些诗歌中呈现的山水景致，更多的是一种诗人自身思乡愁绪与离别之情的投射，那么，同为唐人的文学家柳宗元在其安慰左迁至澧州的好友时所写下的"自汉而南，州之美者十七八，莫若澧"[①]的文字，则说明澧水风光的秀美在当时已经"盛名在外"，传播得比较广泛。随着时间的流逝，澧水流域的瑰丽山水越来越多地

---

① 〔唐〕柳宗元：《送南涪州量移澧州序》，载〔清〕何玉棻、魏式曾修纂《（同治）直隶澧州志》卷二十三《艺文志》，岳麓书社，2010，第628页。

出现在文人墨客的笔下。南宋时，诗人杜范在其《和澧州喜雨韵》一诗中，描写了秋日雨后澧水江畔的清丽山水，其云：

> 秋色在何许，浮岚叠翠间。江清双鸟渡，天阔片云闲。
>
> 雅量肩文举，新诗压子山。更深听远溜，哦咏答潺潺。

元明时期，随着澧水流域，特别是其上游地区开发程度的加深，使得更多的中原士人有机会了解和领略这方山水的险峻与秀美。元代虞集在记述慈利天门书院兴建过程的《天门书院记》一文中曾有"澧之慈利州西百五十里，有山曰天门，盘结奇秀，其峰有十六，皆可以物象拟而名之，盖胜地也"[1] 的文字。明代成化年间，当地士人收集元、明以来赞美天门山的诗文，请岳州知府李镜作序，出版了《天门山集》。其后，描述与赞叹澧水上游山水美景的文字越来越多，孙斯亿于万历年间游览了澧水支流溇水河畔的仙侣洞，形容其"嵚崎琳琅，窈窕萃崪，高二尺许，阔四丈，可坐百余人。初叩洞中，若黯黯然已，遵行石梯，螺旋蚓曲，石窦中，渐见天日。及入内，明爽若石屋，其间钟乳缀壁，连珠悬屏，万象森具，真奇观也"[2]。胡世安则这样记述了他眼中的天门山奇景：

> 信步而前，忽入仄径，萦纤曲折，藤萝络石夹道，幽趣逼人，遂扪石缘木而下，幽奇怪伟，莫可名状。既下，沿路皆峭，周环如城，石罅出泉声，铮琮如琴筑，据石小憩，忽睹青嶂间树动叶落，忽寂忽喧，审睇之，乃猿戏也。傍石壁而东行六七里，

---

[1] 〔元〕虞集：《天门书院记》，载〔清〕何玉菜、魏式曾修纂《（同治）直隶澧州志》卷二十一《艺文志》，岳麓书社，2010。

[2] 〔明〕孙斯亿：《仙侣洞记》，载〔清〕何玉菜、魏式曾修纂《（同治）直隶澧州志》卷二十一《艺文志》，岳麓书社，2010。

仰见天门洞启，吐翠吞青，云开间阖，门下万石崚嶒，莫辨径同。相与跨石而登，且畏且喜。既至，而十六峰在望，眼界为之一空矣。门内多凤尾竹，门上约百丈许，有石乳下垂，悠扬倏忽，非雪非珠，謦咳一声，如花雨乱坠。①

到了清代，澧水流域的山川盛景得到了更系统的总结，澧州不仅有"三皇山""清风岭"等城内八景，而且有"兰江绣水""仙洲芳草"等城外八景，归属澧州管辖的慈利、永定、石门、安福等澧水流经县，也总结出了各自的"八景"。如石门的"麒麟秀水""层山古柏"，慈利的"月川分照""赤松仙迹"，永定的"危峡啼猿""龙阁春熙"，安福的"道水拖蓝""楚城夕照"等。

相关的吟诵诗文更是数不胜数。清人彭开勋、周康立所著的《南楚诗纪》中，记录了时人对澧水支流涔水、澹水、茹水风光的描绘。

涔水

渺渺涔阳浦，流波深复深。至今三户地，如见九歌心。

过客思乡远，归人入梦寻。渚烟秋飒飒，山水作清音。

澹水

澹口何人过，高轩一息停。仲宣难作别，文始不堪听。

裂卓当年绩，为湾此日形。往来舟夜泊，山月映深青。

茹水

茹水涵明镜，湘波长白鱼。饮来知此味，食者美其渔。

遗憾君王梦，甘心佞幸居。千年呜咽处，江上暮云舒。②

---

① 〔明〕胡世安：《游天门山记》，载〔清〕何玉棻、魏式曾修纂《(同治) 直隶澧州志》卷二十一《艺文志》，岳麓书社，2010，第 573 ~ 574 页。

② 〔清〕彭开勋、周康立：《南楚诗纪》，马美著校点，岳麓书社，2011，第 131 页。

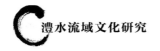

三 伟大崇高的红色文化：红色潇湘的重要组成部分

红色文化是在革命战争年代，由中国共产党人、先进分子和人民群众共同创造的具有中国特色的先进文化，包括物质文化和非物质文化，蕴含着丰富的革命精神和厚重的历史文化内涵。湖南是中国革命的重要策源地之一，在它的西北部澧水流域，中国共产党成立以后，以贺龙、周逸群等为代表的革命者在这里先后创建了湘鄂边、湘鄂西和湘鄂川黔革命根据地，形成了内容丰富的红色文化。

（一）澧水流域的红色革命斗争

大革命失败后，澧水流域各县在党的领导下，相继开展了一系列的武装暴动。1927年10月，中共中央委派罗亦农、王一飞到湖南改组湖南省委，同时派彭公达到常德去建立中共湘西特委。彭公达在今桃源县召集慈利、临澧、石门、澧县等县党的负责人召开会议，制定了以石门、慈利等山区为基础，割据石门，巩固湘西暴动，建立游击武装中心，再向外发展的工作计划，先后派特委委员舒玉林、蔡以忱到石门，陈协平到桑植、永顺开展工作。

1928年1月，石门年关暴动在新关打响，不久，中共临澧县委也组织了农民暴动，攻打当地团防局，同年5月，石门南乡起义正式爆发，起义浪潮席卷了常德、慈利、临澧等地区，成立了由佘策源任司令、袁任远任党代表的湘西工农革命军第四支队，由于国民党湖南省政府和各县团防武装的大举清缴，起义于7月下旬失败。

南昌起义失败后，贺龙于1927年底向中央提出了回湘西开展武装斗争的请求，并拟定了《湘鄂西暴动计划》。在征得共产国际代表的同意后，中央派贺龙、周逸群到湘西，组建中共湘西北特委。他们先在鄂西地区组织武装起义。1928 年 2 月 24 日，从石首进入湖南安乡，次日到达津市，随后沿澧水北上，到达桑植洪家关。他们利用贺龙在这一地区的影响力，争取了一部分当地武装参加革命，部队很快发展到 3000 多人，随后成立了工农革命军，4 月，革命军发动起义，成功占领了桑植县城，建立了革命政权，成立了中共桑植县委，这就是桑植起义。

桑植起义是继秋收起义、湘南起义之后发生在湖南境内的又一次具有重要影响的武装起义。桑植起义的胜利和县革命政权的建立，在湘鄂边区举起了土地革命的大旗，拉开了武装割据的序幕，为湘鄂西革命根据地的创建奠定了基础，同时也为中国共产党在土地革命战争期间利用、改造地方武装提供了宝贵经验。[①]

除了成立桑植县苏维埃政府以外，当时苏区还在万家坪、岩垭、小河口、洪家关、樵子弯、白竹坪、芭茅溪、五道水等地组建了 8 个区苏维埃政府。1929 年 8 月，又在石门县成立了石门县苏维埃政府，随后组建了乡苏维埃政府。至 1931 年春，先后建立白竹垭、溇阳等 8 个区，清官、高水田、枫相坡、板桥、芭茅等 30 个乡苏维埃政府。1931 年，国民党军队进犯苏区，石门县区苏维埃政府遭到破坏，1932 年春停止活动。[②]

1929 年 1 月，红四军攻占湖北鹤峰县城，成立了中共鹤峰县委和鹤峰县苏维埃政府。5 月下旬，红四军向南进发，6 月，攻克桑植县城，成立了苏维埃政府，还建立了县总工会、农协和农民自卫军，至1929 年底，桑植和鹤峰两县红色区域连成一片，形成了以桑植、鹤峰

---

① 中共湖南省委党史研究室：《中国共产党湖南历史（1920—1949）》，湖南人民出版社，2008，第 375 页。

② 湖南省地方志编纂委员会编《湖南省志》第四卷《政务志》，中国文史出版社，1994，第 136 页。

为中心的湘鄂边根据地，8 月，红军挺近大庸，占领了慈利江垭，与此同时，在周逸群等的领导下，洪湖革命根据地建立并发展起来。1930 年，红四军与红六军会师，红四军更名为红二军，并与红六军合并为红二军团，贺龙担任总指挥。9 月，成立湘鄂西特委和湘鄂西联县政府，湘鄂西根据地正式形成。湘鄂西根据地为中国革命战争提供了在江湖地区依靠群众支持建立革命根据地的经验，这个根据地的建立和发展，为农村包围城市的理论增添了新的内容。

湘鄂西苏区全盛时期，连游击区在内，共 70 余县，先后进占过监利、沔阳、潜江、石首、华容、南县、公安、桑植、鹤峰等县城。全区人口约 370 万，主力红军累计 3 万余人，地方赤色武装累计约 20 万人。

1932 年 7 月间，蒋介石在向鄂豫皖苏区发动"围剿"的同时，调集 10 万兵力向湘鄂西苏区发动第四次大规模的"围剿"。夏曦在湘鄂西苏区推行一系列"左"倾错误的作战方针，使湘鄂西苏区第四次反"围剿"斗争遭到失败。到 1932 年 10 月，洪湖苏区、湘鄂边、鄂西北等苏区相继丧失。

1933 年 12 月，中共湘鄂西中央分局召开会议，总结了湘鄂边革命根据地失败的教训，决定放弃恢复湘鄂边苏区的计划，向川东南和黔东地区发展，创造湘鄂川黔边新苏区。1934 年 5 月，成立由夏曦、关向应、贺龙、卢冬生组成的中华苏维埃共和国湘鄂川黔边革命军事委员会。1934 年 11 月，在大庸县城成立了中共湘鄂川黔省临时委员会，任弼时任省委书记。同时成立湘鄂川黔革命委员会，贺龙任主席，省军区由贺龙任司令员、任弼时任政委。12 月，省委、省革委、省军区迁往永顺塔卧，形成了以永顺、保靖、龙山、桑植、大庸为中心的湘鄂川黔苏区。从 1935 年 1 月到 10 月，任弼时、贺龙等领导湘鄂川黔苏区军民粉碎了国民党军队对根据地的多次进攻，使根据地得到巩固，苏区和游击区人口发展到近 200 万人。1935 年 2 月，国民党军优势兵力对根据地进行"围剿"，11 月红二、六军团奉中共中央命令撤离根据地进行长征。

（二）澧水流域的红色文艺

直至今日，澧水流域依然保留有许多当年红军战斗过的遗迹。据不完全统计，仅在澧水中上游的今张家界市，就有不少红二方面军展开重大战斗的旧址、旧迹，如刘家坪红二方面军长征出发地旧址、湘鄂川黔革命委员会旧址。还有一些与贺龙元帅早期革命有关的遗迹，如贺龙两把菜刀闹革命的遗址、贺龙故居、贺龙桥和贺龙纪念馆等，红军战斗和革命群众开展革命活动的场所更是星罗棋布。

更值得注意的是，在这片红色土地上，曾经开展了多种多样的革命文艺活动，时至今日，仍有许许多多红色歌谣和革命传说故事在各族人民中广为流传。这些丰富多彩的艺术作品，洋溢着澎湃的革命激情，记录了那个时代党在澧水流域领导人民开展革命斗争的艰辛历程，反映了各族人民对党、对红军和对革命领袖的无限热爱。

> 杨柳青青杨柳花，郎当红军我在家；我郎当兵真英勇，打仗冲锋总有他。同志个个都欢喜，贺龙同志把他夸。狗子叫来鹊子喳，我郎麻亮回到家：昨天拿的一把刀，今天"盒子"腰中挂。伢儿的爹我问你："是不是贺龙同志发？"我郎笑着把话答："打了胜仗得的它。"爹娘一旁开言道："拿着它来把敌杀。"妹妹旁边喜眯眼："我的哥哥真不差！"叫声我郎你记着："好好爱护好好擦，革命一天不成功，一天不把它放下！"

这首流传在湘鄂西根据地的歌谣，既有欢乐气氛的渲染，又有亲切生动的对话，以朴实清新而又昂扬奋发的语言，绘声绘色地描述了一个全家人庆贺红军战士缴获敌人"盒子炮"的热烈场面。另一首著名的民歌是《十送红军》：

一送红军下南山，秋风细雨扑面寒，树树梧桐叶落完，红军几时再回山？

二送红军大路旁，红漆桌子路边放，桌上摆着送行酒，祝愿红军打胜仗。

三送红军上大道，锣儿无声鼓不敲，双双拉着长茧手，心藏黄连脸在笑。

四送红军过高山，山山苞谷金灿灿，苞谷本是红军种，撒下种子红了天。

五送红军澧水河，鸿雁阵阵空中过，鸿雁能捎书和信，捎信多把革命说。

六送红军兔儿岩，两只兔儿哭哀哀，禽兽能知人心意，血肉深情分不开。

七送红军七里湾，七里湾中一片田，凉风阵阵稻谷香，新米上市人走远。

八送红军八角山，两只八哥吐人言，红军哥哥莫走远，财主回来要倒算。

九送红军过大江，江水滔滔船儿忙，眼望江水肝肠断，穷苦百姓泪汪汪。

十送红军转回来，武陵山巅搭高台，盼望红军打胜仗，盼望亲人早回来。

1935 年 11 月，红二、六军团遭国民党 40 多万兵力"围剿"，不得不离开湘鄂川黔革命根据地踏上长征路，根据地人民含泪送别红军，一字一泪，唱出了这首民歌，表达了他们对红军依依不舍和盼望红军早日归来的心情。长征胜利 70 周年时，新华社和人民日报社到红二方面军长征出发地张家界市桑植县进行采访，并发出报道——《重访十送红军的地方》。

‖ 第三章 ‖

澧水流域的水利治理及其影响

对于生活在澧水流域的民众来说，澧水可以说是一条母亲河，千百年来，养育着一代代生活在这里的人们。然而，这条河流并不安分，特殊的地理形势和气候条件，让澧水在造福一方的同时，也给这里的人们带来了不少的灾难，成为影响澧水流域社会经济发展的重要因素。

一 历史记载中澧水流域的水旱灾害

历史上，中国一直是一个农业大国，农业在社会经济中占据了至关重要的地位。所谓"民以食为天"，农业生产的兴衰更是直接关系到每一位普通民众的日常生活，位于亚热带地区的澧水流域亦是如此，丰沛的降水和光热资源，为这里农业的发展提供了良好的条件，但反复无常的水旱灾害则成为千百年来困扰这里的重要因素。

（一）水旱灾害发生频繁

频繁发生的水旱灾害，是澧水流域自然状况的突出特点。有关这方面的情况，史书中有着丰富的记载。

唐玄宗开元二十七年（739），澧州大水。① 唐德宗贞元七年（791），"扬、楚、滁、寿、澧等州旱"。② 南宋宁宗开禧元年（1205）夏，"浙东、西不雨百余日，衢、婺、严、越、鼎、澧、忠、涪州大旱"。③ 元世祖至元二十九年（1292），"澧、辰等州大水，漂民庐，多死者"。④ 明孝宗弘治元年（1488），"自春正月不雨，至于秋九月，安乡、慈利饥，人相食"。⑤ 明世宗嘉靖二年（1523），大旱，"安乡殍尸积野"。⑥ 嘉靖十五年，石门、安乡县大水漂屋；七月，澧州大水，溺死者以千计。嘉靖三十九年，大水，"安乡积尸逐波"。明神宗万历三十二年（1604），澧州大旱；四月，大水，安乡尤甚。万历四十一年，安乡大水，"禾不登，民食草木，鬻妻子，卧殍载道"。⑦ 明僖宗天启七年（1627），大水，"澧州城圮，慈利城中行舟，多漂没"。⑧ 清顺治十五年（1658），"安乡大水，澧东南一带淹田地无算，庐舍水深数尺，居民尽徙"。康熙二年（1663），安乡春夏旱；七月，大水，"高下尽淹，民舍官廨俱倾"；至十一月，乃渐退，"民流徙"。康熙十九年秋，安乡大水，"堤溃，州县民饥"。康熙四十一年，大旱，"永定民采蕨葛度活"。乾隆十三年（1748），春夏淫雨损麦；六月，"水大涨，澧州、安福城圮，石、慈田庐多漂没，安乡芦渚尽没，

① 〔清〕何玉棻、魏式曾修纂《（同治）直隶澧州志》卷十九《祥异志》，岳麓书社，2010，第531页。
② 〔宋〕欧阳修、宋祁：《新唐书》卷三十五《五行志》，中华书局，1975，第917页。
③ 〔元〕脱脱等：《宋史》卷六十六《五行志》，中华书局，1977，第1445页。
④ 〔元〕苏天爵：《元名臣事略》卷四《丞相顺德忠献王》，载《景印文渊阁四库全书》第451册，台湾商务印书馆，1983，第533页。
⑤ 〔清〕潘相原：《澧志举要校注》卷一，应国斌校注，湖南人民出版社，2011，第112页。
⑥ 〔清〕何玉棻、魏式曾修纂《（同治）直隶澧州志》卷十九《祥异志》，岳麓书社，2010，第532页。
⑦ 〔清〕何玉棻、魏式曾修纂《（同治）直隶澧州志》卷十九《祥异志》，岳麓书社，2010，第532页。
⑧ 〔清〕潘相原：《澧志举要校注》卷一，应国斌校注，湖南人民出版社，2011，第160页。

鼠咸杜岸穴野食田禾"。乾隆四十三年,大旱,"民食草木,鬻妻子,饿殍载道"。道光二十九年(1849),"春月久雨,夏奇荒,谷价腾贵,石谷价钱三千七八百文,人民死者无算"。同治元年(1862)六月二十三日,大水,"酉时(澧州)西北城决二口,冲坏墙屋无数,溺死者千余人"。① 尽管说澧水流域的水旱灾害千百年来一直存在,但明清以后无论是发生频率还是破坏程度,较之既往似乎都更为严重,呈现日益加剧的趋势。《(同治)直隶澧州志》称:"(澧)州境自明宣德以来,渐多水患。"② 安乡亦是如此,明人杨继韶在《安乡县堤垸记》中称:"夫邑志水乡,得肇自汉晋以迄今,是水之虐未甚也。我明历正德丙子巨浸者一,嘉靖庚申、乙丑、隆庆辛未,巨浸者三,是水之虐未连岁无间也。万历丙戌、丁亥连遭水,民弗堪命,极力拯救,而戊子岁又滔天莫御。"③ 安乡之水灾在明代以后,规模更大,且发生的频率亦明显增加,竟然出现了接连数年发生洪灾的情况。

(二)水旱灾害对社会民生影响深重

频繁发生的水旱灾害,给澧水流域的百姓带来了深重灾难,主要体现在以下几个方面。

第一,民众伤亡。凶猛的洪水会直接威胁到民众的生命,造成不少伤亡,前面引用的材料可证明,如同治元年洪水,澧州民众溺死者竟有千余人,可见境况之惨烈。

第二,饥荒严重。水旱灾害导致的农作物歉收甚至绝收,往往引

① 〔清〕何玉棻、魏式曾修纂《(同治)直隶澧州志》卷十九《祥异志》,岳麓书社,2010,第532~535页。
② 〔清〕何玉棻、魏式曾修纂《(同治)直隶澧州志》卷四《舆地志》,岳麓书社,2010,第177页。
③ 杨继韶:《安乡县堤垸记》,载〔清〕何玉棻、魏式曾修纂《(同治)直隶澧州志》卷二十一《艺文志》,岳麓书社,2010,第570页。

起严重饥荒，导致大量人口死亡，甚至出现"人相食"的惨剧。顺治八年（1651），澧水流域大旱，"慈利兵荒交困，饿死十之三"。次年，又旱，"永定斗米千钱，慈利兵荒交困，民多饿死；安乡自春徂秋，无雨，禾尽枯，谷价二两一石，鬻妻子，转沟壑者不可数计，民尽徙湖堨，倚菱芡为命。时谣曰：'五月菱，饱杀人。'"。康熙十八年（1679）大旱，"溪涧尽龟坼，米一斗，价四五钱。民无所得食，采野草度日，多饿死，殍尸满路"。①《（康熙）慈利县志》卷二《灾害》记载这两次大旱称："国朝顺治九年大旱，时兵荒交困，殍死甚重。康熙十八年大旱，兵荒交加，饿死者十之三。"② 旱灾与战乱的同时发生，造成了将近十分之三的百姓死亡。对于洪水造成的惨烈场景，清代学者吴善在其《大饥行》一诗中有着生动的描绘，该诗所反映的是道光二十九年的洪水，诗歌开篇即写道："上天降灾楚大饥，低天水淹高风筛。去岁村农仅半饱，今春徂夏苦潦滋。"表明此前一年澧州本就遭受了灾荒，农业歉收，民众只能维持半饱的生活水平。然而，今年又遭遇了连绵不断的雨水，再一次引发了洪水，"九澧漫漫接洞庭，弥望关彭两点青"。澧水流域为大水淹没，已与洞庭湖连成一片，著名的关山和彭山两座山峰也只剩下点点青色而已，可见此次洪水规模之巨大。洪水导致了"哀鸿满城莩满野，团焦船载出公厅"的局面。面对洪水带来的饥荒，外地的粮食却因盗匪横行，阻塞航路，无法及时运入，致使米价大涨，"湖匪梗道泛州难，米价腾贵百钱满"。天灾加上人祸，造成百姓的大量死亡，"择城中区武庙里，男妇老弱同一起。垂毙那更受鞭笞？一日赈饥

---

① 〔清〕潘相原：《澧志举要校注》卷二，应国斌校注，湖南人民出版社，2011，第198页。
② 〔清〕叶琼纂修《（康熙）慈利县志》卷二《灾害》，康熙二十四年刻本。

数十死"。即便在官府赈济的情况下，每天依旧有数十人被饿死。①

第三，瘟疫频发。水旱灾害引起的大量人口以及动植物死亡，造成了严重的环境污染，往往会在水旱灾害过后引发瘟疫，让民众遭受二次损害。明宣德十年（1435）夏，"慈利大旱，疫"。② 大旱与瘟疫同时发生，存在明显的关联。万历十六年（1588），安乡遭遇"大水疫疠"，大水与瘟疫相伴出现，结果"死徙载道，知县杨继韶亲诣乡村，见民多僵仆，莫能声，饲之以粥，稍苏"。③ 清雍正四年（1726）和五年，安乡接连发生大水，尤其是雍正五年大水"较四年更大一尺，四乡仅余数冈岭。水浸县署，各官皆舟居。……士民皆食草木，多鬻妻子，川子宝老，贩卖如市。饿殍载路，烟村为空"。紧接着在雍正六年，安乡就发生了大规模瘟疫，"大饥之后，复瘟疫数月。一家或连死数人，赤身埋堂中，比邻不知。栽秧时，鲜人耕插，高下田大半荒"。④ 大半的田地竟然抛荒，无人耕种，可见瘟疫造成的人口耗减之严重。

第四，治安恶化。水旱灾害发生后，面临饥荒、瘟疫等困境，大量民众或死亡，或逃亡他乡，还有一部分民众转而沦为盗贼，造成社会治安的恶化。元成宗元贞二年（1296），安乡"郡大旱，县民朱长五聚党栅岩险为乱，出肆焚荡，剽掠无畏忌，吏捕辄被害"。⑤ 明崇祯十六年（1643），安乡大旱，"半年不雨，祈祷无灵，百姓饥馑，趁乱

① 〔清〕吴善：《大饥行》，载〔清〕何玉棻、魏式曾修纂《（同治）直隶澧州志》卷二十五《艺文志》，岳麓书社，2010，第676页。
② 〔清〕曾国荃：《（光绪）湖南通志》卷二百四十三，清光绪十一年刻本。
③ 〔清〕张绰修，曾之亨纂《（乾隆）安乡县志》卷八，清光绪六年补刻本。
④ 〔清〕潘相原：《澧志举要校注》卷二，应国斌校注，湖南人民出版社，2011，第229～230页。
⑤ 〔元〕宋褧：《燕石集》卷十四《西潭谢君（安富）墓碣铭有序》，载《景印文渊阁四库全书》第1212册，台湾商务印书馆，1983，第500页。

抢夺"。① 清顺治九年（1652），澧水流域大旱，"盗入安乡署劫库，毁大堂"。而在慈利县，"慈利山贼，号白缠头，聚党杀人。劫财物，掳妇女，所多金赎，并及永定，民多远避湖滨"。② 雍正五年（1727）安乡大水，"六月初一以后，饥民千百小舟，抢高田谷，并水淹未灭顶败穗，及居民客舟货物。知县马玉简，同把总田典史，率兵役擒捕，牢死无数"。③ 那些没有为大水淹没的位于高处的庄稼，成为灾民抢夺的对象，还有部分民众抢夺往来的商船货物，迫使官府不得不进行镇压，因此而死者亦不在少数。甚至有一些民众因此遁入洞庭湖为寇。

第五，徭役繁重。为防治水旱灾害，尤其是抵御洪水侵袭，澧水流域的各个州县多需要建造城墙，以及修筑大量的堤坝，这本身就是一个庞大的工程。更致命的是，频繁发生的严重洪水经常会将城墙堤坝冲毁。天启七年（1627），大水，"澧州城圮"。④ 顺治五年（1648）淫雨，"南水涨，澧州堤决"。顺治七年，"南水涨，堤垸决"。⑤ 康熙十五年（1676）夏，大水，"冲溃所至，堤垸无复存者矣"。⑥ 康熙三十八年，安乡大水，"堤尽溃"。⑦ 乾隆十三年（1748）六月，大水，"澧州、安福城圮"。⑧ 无论是城墙的建造，还是堤坝的修筑，无疑都需要民众的参与。如此年复一年，反反复复，成为澧水流域百姓沉重

---

① 〔清〕王基巩：《（康熙）安乡县志》卷二，清康熙二十六年刻本。
② 〔清〕潘相原：《澧志举要校注》卷二，应国斌校注，湖南人民出版社，2011，第187页。
③ 〔清〕潘相原：《澧志举要校注》卷二，应国斌校注，湖南人民出版社，2011，第229～230页。
④ 〔清〕潘相原：《澧志举要校注》卷二，应国斌校注，湖南人民出版社，2011，第160页。
⑤ 〔清〕潘相原：《澧志举要校注》卷二，应国斌校注，湖南人民出版社，2011，第183～184页。
⑥ 〔清〕潘相原：《澧志举要校注》卷二，应国斌校注，湖南人民出版社，2011，第197页。
⑦ 〔清〕潘相原：《澧志举要校注》卷二，应国斌校注，湖南人民出版社，2011，第207页。
⑧ 〔清〕何玉棻、魏式曾修纂《（同治）直隶澧州志》卷十九《祥异志》，岳麓书社，2010，第534页。

的负担。明代华阳王朱玉在《管公堤碑记》中就称："甚之（澧水）西浸，城脚颓圮，而民复苦于城工。"①《康熙〈澧州志〉校注》载："暨逆藩犯澧，连岁淫霖为灾；巨浸频仍，城脚砖灰久遭荡磨。至康熙二十二年，城倾三之一，里民以旧制工役长短不等，交成大讼。当事犹豫许久，竟未兴工。知州朱士华莅任，甫下车即躬履城上，并集三十八里士民耆老研讯，其实为均丈尺，指示天日，谕以无私，民悉默伏；遂捐俸佐修，咸乐赴工，今指顾告竣。"② 很显然，澧州三十八里的百姓共同承担修城的工役已经成为一种常规制度，每个里皆分配有相应长度的城墙，康熙二十二年在工役分配上未能达成一致，引起了大规模的诉讼，导致城墙一直未能兴修。直至知州朱士华赴任后，对工役进行了新的合理安排，修筑城墙的工程方顺利进行。虽然知州有捐俸之举，但大部分的工作应是由百姓无偿进行，官府似乎未承担经费。在频繁发生的洪灾面前，这样的修城活动恐怕是经常性的，这必然会成为当地百姓的一项沉重负担。

频发的水旱灾害及其引起的一系列后果，对社会民生造成的损害是十分惊人的。以安乡为例，清朝后期安乡屡屡遭受严重洪涝，《（同治）直隶澧州志》记载，嘉庆二十五年（1820），安乡共有户三万四千七百九十，口十五万九千三百八十。然而，至同治元年（1862），仅有户七千一百八十三，口三万四千三百四十八。人口如此剧烈减少的原因则在于："道光庚寅后，迭遭大水，户口逃亡，土著之民仅存此数。"③ 因为洪水，安乡人口竟然由嘉庆年间的将近十六万人，下降至同治年间的三万四千余人，无疑是触目惊心的。数字变化背后，凸

---

① 〔明〕朱玉：《管公堤碑记》，载〔清〕何玉棻、魏式曾修纂《（同治）直隶澧州志》卷二十一《艺文志》，岳麓书社，2010，第 562 页。
② 高守泉主编《康熙〈澧州志〉校注》，名家出版社，2020，第 68~69 页。
③ 〔清〕何玉棻、魏式曾修纂《（同治）直隶澧州志》卷五《食货志》，岳麓书社，2010，第 206 页。

显的是大量人口的死亡和外逃。那么，澧水流域水旱灾害的原因何
在呢？

二 澧水流域水旱灾害频发原因试析

澧水流域水旱灾害的频发，是与其特殊的气候条件、地理形势以
及人类活动等因素分不开的。

（一）降水丰沛，上游蓄水困难

从气候类型上看，澧水流域所在的武陵山区，属于亚热带向暖
温带过渡类型，降水丰沛，澧水中上游与长江三峡同属一个暴雨
区，桑植、慈利等地即为湖南三大暴雨区之一，多年平均降水量达
到 1500 余毫米，以至于澧水虽是湖南四大河流中最小的一条，河流
长度不及湘江一半，流域面积更是仅及湘江的 1/5，径流模数却高
居全省之首。

从地理形势上看，澧水流域地势大体北、西、南三面高耸，东南
部低平，河流自西北向东南注入洞庭瑚。澧水上游高山峡谷纵横排
列，海拔在 1000～2000 米；中游丘陵盆地交错，海拔大都在 50 米以
上；下游为澧阳平原，地势开阔平坦，海拔多在 50 米以下。这样的
地理形势呈现了两个突出特点：一是使得澧水流域在地形上呈现了十
分明显的区域差异，中上游以高山丘陵为主，下游则为滨湖平原。二
是从上游高山丘陵至下游平原，经过了一个海拔急剧下降的过程。这
种特殊的地理形势，使澧水流域自然灾害呈现地域化特征，西部山区
虽降水丰沛，但蓄水较为困难，容易发生旱灾；东南平原则地势低
下，水势汇聚，难以排泄，极易发生洪涝。对于这样的状况，史书中
多有记载。《（隆庆）岳州府志》称："自巴陵而东如平江者，石门而

西如慈利者，率山也，垄阜坟垆之田常苦蕴炽……其若巴陵而西，则咸又潦是虑焉，至华容、安乡，其最也，江湘沅澧诸水必经。"① 清代澧州地方官员安佩莲称："（澧）州形势西北多山，东南多水。"② 魏式曾称："澧之地形襟江带湖，西南多山，苦旱干，东北汇泽，忧水溢。"③ 又称："澧滨洞庭之西，素称沃土。然卑者多涅，雨久既防其溢。高者则平沙极目，晴久又虑其干。"④《（同治）直隶澧州志》中说得更为清楚："澧为直隶州，所辖五县，安乡则泽国，余四县皆山也。州居山水之间，西北万峰蠭起，东南一派汪洋。时和年丰，固不乏山泽之利；偶遇阳伏阴愆，西北土赤，东南民鱼矣。"⑤ 又如石门县，明代士人梅鹭称县有三患，其中之一即为"水冲"："石门山县，岩多土少，幽险冷野，大小山溪数十条，淫雨水溢，岸崩沙塞。数日不雨，田皆渴折，禾尽焦枯。"⑥ 而上游高山丘陵至下游平原海拔的急剧下降，上下游之间地势落差明显，又导致澧水流域的洪水灾害具有迅疾性、突发性的特点，这种暴发性洪水往往在人们还未能做出反应的情况下就迅速来到，难以防范，从而造成很大伤害。

（二）河流众多，下游排水不易

澧水号称"九澧"，溇水、澹水、涔水、道水等南北支流众多，这些支流多在澧水中下游汇聚，一旦降水较多，导致干流和支流水

---

① 〔明〕钟崇文：《（隆庆）岳州府志》卷十二，明隆庆刻本。
② 〔清〕安佩莲：《续修蕫云塔碑记》，载〔清〕何玉棻、魏式曾修纂《（同治）直隶澧州志》卷二十二《艺文志》，岳麓书社，2010，第610页。
③ 〔清〕魏式曾：《复建龙神祠记》，载〔清〕何玉棻、魏式曾修纂《（同治）直隶澧州志》卷二十二《艺文志》，岳麓书社，2010，第626页。
④ 〔清〕魏式曾：《重建关山龙神庙记》，载〔清〕何玉棻、魏式曾修纂《（同治）直隶澧州志》卷二十二《艺文志》，岳麓书社，2010，第621页。
⑤ 〔清〕何玉棻、魏式曾修纂《（同治）直隶澧州志》卷一《星野志》，岳麓书社，2010，第84页。
⑥ 〔清〕潘相原：《澧志举要校注》，应国斌校注，湖南人民出版社，2011，第134页。

涨，往往会引发洪灾。澧州作为澧水流域的中心城市，就处于众水环绕之中，清代澧州官员何璘称："州境东北滨湖，而西南倚山，澧水经城南，澹水环城北，道水又流澧之南，而涔水流澹之北，城盖宛在诸水中也。"① 清代著名学者，曾担任湖南学政的程恩泽，则用诗歌形象地描绘了澧州的地理形势："北枕涔与澹，南带澧若道。维西乱源汇，直络复横绕。东则江沱注，三派曲相抱。孤城面面水，浮动兀一岛。当其夏秋涨，东下海灏漾。洞庭九州大，遍吸亦难饱。"② 众水环绕的澧州城，就如同海中浮岛一般，一旦夏秋时节遇到降水过多，就成为一片汪洋。澧水下游的安乡更是如此，《（同治）直隶澧州志》载："澧江自汇口分流，一东北流五里许，合焦圻、荆水，过西台尾洼澥，至（安乡）县前渡。一东南过石龟山西南，入羌口，至县前渡，两水合为一，绕县治西南。每夏秋湖溢江涨，辄灌襄县址为患。"③《（康熙）安乡县志》称："安邑居洞庭之滨，辰、常、沅、澧之水发口西南，长、永、潇、湘之水由东南下，交相灌注。"④ 安乡不仅要承受上游澧水及其支流的大量来水，还因濒临洞庭湖，湖水的涨落亦会对其造成影响。

明代以后，澧水不仅要容纳支流众水，还要承接通过虎渡河而来的长江之水。《澧州水道图说》中称澧州境内有大川五，除澧水、澹水、涔水、道水外，还有江水，"江水，乃前明大学士张居正开浚，以杀荆流，引江自虎渡口入，西南行过公安县，至泗水口入州境，西行至三汊脑，酾而为三，其中流西南入安乡境焦圻，下达洞

---

① 〔清〕何璘：《重修护城管公二堤记》，载〔清〕何玉棻、魏式曾修纂《（同治）直隶澧州志》卷二十二《艺文志》，岳麓书社，2010，第596页。
② 〔清〕程恩泽：《程侍郎遗集》卷二《澧州》，载〔清〕《粤雅堂丛书》本。
③ 〔清〕何玉棻、魏式曾修纂《（同治）直隶澧州志》卷三《舆地志》，岳麓书社，2010，第157页。
④ 〔清〕王基巩：《（康熙）安乡县志》卷二，清康熙二十六年刻本。

庭。右西行折而南，至窖口，会涔水入于澧。左东行折而南，至观音港入于澧"。① 虎渡河水乃为长江分洪而开浚。这一长江分洪道的形成，对于澧水乃至洞庭湖造成了深刻影响，"大抵虎渡开后，荆江分数道夹趋南楚，洞庭为腹，澧实会咽，咽稍急则呛入别喉"。② 来水量的猛增自然会增加澧水所承受的压力，一旦澧水无力及时排泄，就会形成洪水。有学者指出："元、明两代至于清道光时期，随着荆江统一河床的形成，从上游带来大量泥沙，淤高河床，湮塞穴口，江患急剧增多。明嘉靖、隆庆年间，江北穴口基本堵塞，长江大量水沙涌向南岸，排入洞庭湖区，洞庭湖底淤高，在来水有增无减、湖底淤高的情况下，洪水湖面水域继续扩展，道光年间达到洞庭湖全盛时期的顶点。"③ 虎渡河作为长江进入洞庭湖的分洪道之一，势必亦携带了大量泥沙，其汇入澧水后，同样会对澧水的河道形成淤塞，抬高其河床，进一步加剧洪水的发生。《（同治）直隶澧州志》载："乾隆十三年（1748）大水，护城堤决，管公堤亦溃，弥望汪洋，城厢如寄岛屿。民命官储，势难支救。堤间溃出万历时管公堤碑座，其旧日堤身与今河身正齐，此即河身日浅之明验，澧州水患所以频兴而加剧也。"④ 可见，自明至清，澧水河床因泥沙淤塞，已经有了明显抬升。前面指出，澧水流域的洪水灾害至明清以后呈现愈演愈烈之势，虎渡河的开浚可以视作重要原因之一。

---

① 〔清〕何璘：《澧州水道图说》，载〔清〕何玉棻、魏式曾修纂《（同治）直隶澧州志》卷四《舆地志》，岳麓书社，2010，第 177 页。
② 〔清〕何玉棻、魏式曾修纂《（同治）直隶澧州志》卷三《舆地志》，岳麓书社，2010，第 154 页。
③ 韩茂莉：《中国历史地理十五讲》，北京大学出版社，2015，第 146～147 页。
④ 〔清〕何玉棻、魏式曾修纂《（同治）直隶澧州志》卷四《舆地志》，岳麓书社，2010，第 178 页。

（三）过度开发，破坏环境

还有一些人为的因素进一步加剧了洪涝灾害的影响。明清以后，尤其是随着改土归流的展开，大量外来人口进入澧水流域的山区进行垦荒、开矿等活动，《（道光）直隶澧州志》载："自雍正十三年（1735）以来，由是常德、辰州、荆州等处流民竞集，或携资置产，或搭厂垦荒，逐队成群，前后接踵。"① 这对上游植被造成了严重破坏，《（光绪）慈利县志》载："嘉道以往，县饶材竹薪炭，自顷民多耕山，山日童然，而汛溇澧上游，浮筏蔽江，出利亦尚不资云。"② 由此势必导致水土流失的发生，澧水含沙量增加，从而加剧了河道淤塞。此外，在澧州等城市内部还由于人为的因素产生了严重的内涝，《（同治）直隶澧州志》载："前此（澧州）城溃虽由山溪暴涨，实由城内积潦，城脚先已不固。……曩来各街沟渠之水皆有塘堰聚蓄，今聚蓄之塘多平淤，近塘居民尽占为屋基。春夏阴雨连朝，街道涣漫，行路为艰，又各相填筑，自保无虞，而近城脚低处，任其自消，日积月久，渗漏愈甚，更值河涨，则漏出之处反为漏入。河涨既退，城内积潦，累月不消，故修城之役，此工方竣，彼处又塌，旧筑将完，新筑复塌。吴春谷任澧时，有句云：'东南郭要从头筑，西北堤宜着意修。'"③ 澧州城内本有许多塘、堰之类，可以蓄积雨水，然而城内百姓出于自身便利，往往将其填平。同时，对于蓄积在城墙之下的积水，则不予处理，任由其侵蚀城脚，久而久之，城墙极易损坏。为修补毁坏之城墙，又须征发民力，形成了一个恶性循环，无形中加重了民众负担。

---

① 〔清〕安佩莲修，孙作泰、陈融纂《（道光）直隶澧州志》卷四《风俗》，道光元年刻本。
② 〔清〕吴恭亨纂修《（光绪）慈利县志》卷六，光绪二十二年刻本。
③ 〔清〕何玉棻、魏式曾修纂《（同治）直隶澧州志》卷四《舆地志》，岳麓书社，2010，第180页。

三 从拦河筑坝到围堤造垸：澧水治理的历史过程

频繁发生的水旱灾害给澧水流域社会民生造成的严重损害，使得治水千百年来成为官民关注的头等大事，并为此采取了诸多措施予以应对，取得了许多杰出的成就，但与此同时由于人为因素的影响，也带来了一定程度的弊端。这些治水的艰难历程，共同塑造了澧水流域人民不畏艰难、敢于拼搏、勇于创新的特殊气质与精神风貌。

（一）拦河筑坝御洪水

面对上游来势汹汹的洪水，为保证下游城镇的安全，尤其是保护作为治所的澧州城，地方官民首先所能想到的自然就是建造堤坝，以拦截洪水，阻止洪水对州县城镇的直接冲击。唐代崔芸曾任澧州刺史，张次宗后来在推荐崔芸时，称其"自理澧阳，课绩尤异，得赋敛变通之法，置邮馆供待之资。创立堤防，修缮城洫。事必可久，政皆有经"。[①]"创立堤防，修缮城洫"已成为崔芸值得称道的主要政绩。北宋仁宗时期，王知和在澧州任上恰逢"澧江水溢，坏民舍"，主持"筑长堤十三里"，"明年，水暴至，赖以无害。""转运使课湖北守臣，以君为第一。"[②]南宋初期的著名学者胡寅在《澧州谯门记》一文中，记载了时任澧州知州罗荐可的作为。罗荐可，字养蒙，沙县人，政和二年（1112）登第，在南宋初期因触怒秦桧，遭到贬谪，出知澧州。[③]胡寅提道："澧阳旧苦众溪羡溢，岁筑堤防，然后郊与市咸

---

① 〔唐〕张次宗：《荐前澧州刺史崔芸状》，载〔清〕董诰辑《全唐文》卷七百六十，清嘉庆内府刻本。
② 〔宋〕郑獬：《郧溪集》卷二十《礼宾使王君（知和）墓志铭》，载《景印文渊阁四库全书》第1097册，台湾商务印书馆，1983，第299~300页。
③ 〔明〕陈道：《（弘治）八闽通志》卷六十九，明弘治刻本。

得奠厥居。"澧阳即澧阳县，正是澧州州城所在。由于这里众流汇聚，故不得不连年修筑、加固堤防，方能保证城区与郊区的安全。文章继续言道："岁在己酉，北盗南骜，有守者阙堤召水以自保，贼既引久，城亦随陷。他日立郡于荆榛瓦砾中，遗黎百一喘焉。苟活蓬户且未安，而何暇议堤之复。大水时至，沉灶产蛙，稚耋病之，逾一纪矣。太守罗侯下车，访民疾苦，莫先斯事，即帅百姓修坏补缺。向者呻吟，今者讴歌。"① 己酉为建炎三年（1129），正是北宋覆灭，南宋初建之际，金兵南侵，流寇横行，天下大乱。澧州地区也遭到了盗贼的侵袭，地方官员为防守城池，故意挖开了抵御洪水的堤坝，导致城池被毁。此后很长时间，澧州都无力重新修筑堤坝，由此饱受洪水之苦。罗荐可赴任后，所做的第一件大事就是率领百姓重筑堤坝，赢得了一片赞誉之声，这也成为他在澧州任上最重要的政绩。修筑堤坝对于澧州民众来说，成为关乎其安身立命的关键所在。明万历二年（1574）七月，安乡大水，恰逢安乡知县沈襄寿辰，"寅僚方称寿，闻水欲决堤，即趋出。赤足立于水中，督壮夫，扛石肩上，筑决口，民称其堤曰惠民"。② 沈襄因此深得民心，离任后，百姓立有去思碑。③ 万历十九年（1591），"澧州大水，溃护城堤，上荆南道陆懋隆倡捐修筑"。④ 清代士人钟城，"选授湖南澧州州判，洞庭内湖多水患，城筑土牛，植杨枝，以固堤身。濒湖之民多赖以安。以老乞归……澧人勒碑记其事"。⑤ 堤坝对于澧水流域百姓的意义，

---

① 〔宋〕胡寅：《斐然集·崇正辩》卷二十《澧州谯门记》，尹文汉校点，岳麓书社，2009，第400页。

② 〔清〕潘相原：《澧志举要校注》卷一，应国斌校注，湖南人民出版社，2011，第132页。

③ 〔明〕陈思育：《沈侯去思碑记》，载〔清〕张绰修，曾之亨纂《（乾隆）安乡县志》卷七，清光绪六年补刻本。

④ 〔清〕潘相原：《澧志举要校注》卷一，应国斌校注，湖南人民出版社，2011，第139页。

⑤ 〔清〕余丽元等纂修《（光绪）石门县志》卷八上，清光绪五年刊本。

诚如明朝官员杨继韶在《安乡县堤垸记》中所感慨："无堤故无命也。"①

澧水流域遭受洪涝灾害最为严重的无疑是处于下游的澧州与安乡县，故堤坝的修筑也以这两处为急切，其中澧州一方面作为州治所在，是澧水流域的核心城市，地位重要；另一方面，澧州恰好处于山地丘陵向滨湖平原的过渡地带，遭受上游洪水的冲击更为猛烈。因此，较之安乡等属县，澧州对于修筑堤坝有着更为迫切的要求。可以看到，也正是在澧州，修建起了最为完备的堤坝系统。

澧州城为澧水与其支流澹水环绕，《澧州水道图说》载："州境自明宣德以来，渐多水患者，澧水东至彭山下，为猪羊山所阻，不得畅其南行之势，值大水暴冲，徙而北流，曩所谓南河，距城五里许者，近城乃不半里，而伍家洼故道湮矣。后复于城西六里猪羊山之上，冲开一口，直入城壕，啮西南城基，且漫入城北，与北河澹水合，而为城墉之害。"② 是则，澧水流经澧州城南，且有不断向北迁移，逐渐逼近南面城墙的趋势。而自澧水冲决猪羊山之后，一分为二，分别称作内河与外河。《（同治）直隶澧州志》载："（澧水）至澧州城西猪羊山分为二，正流名外河，冲入城壕者名内河。"③ 内河与外河大致以州城南门外澧水中的仙眠洲为分界。同时，澧州城北则有澹水经过，《（同治）直隶澧州志》载："澹水，九澧之一，出石门县尖峰山，至（澧）州西三十里罗胡垱，与团潭水会。经安福杨潭河，

---

① 〔清〕杨继韶：《安乡县堤垸记》，载〔清〕何玉棻、魏式曾修纂《（同治）直隶澧州志》卷二十一，岳麓书社，2010，第570页。

② 〔清〕何璘：《澧州水道图说》，载〔清〕何玉棻、魏式曾修纂《（同治）直隶澧州志》卷四《舆地志》，岳麓书社，2010，第177页。

③ 〔清〕何玉棻、魏式曾修纂《（同治）直隶澧州志》卷三《舆地志》，岳麓书社，2010，第153页。

至澧城北，折而东行，名后河。过澧阳桥，出演武场，与内河水会。"①澹水既被称作"后河"，与其相对的则是"前河"，也就是澧水。明华阳王朱玉记述环绕澧州城的水系称："前河自桑植、牛尾，历麻安九永，东折入慈，而下灌于澧。后河自黄坡龙洞暨爱儿河象鼻滩，南折至阳潭河，入四马桥，出溇水楼桥，与前河会。"②这里的"前河"显然就是指流经澧州城南的澧水干流。前河与后河，也就是澧水与澹水，在澧州城东汇合。这样的水系格局，一旦遭遇洪水，就会直接对澧州城形成严重威胁。

明清以来，澧州地方官员围绕澧州城逐渐建立起了一系列堤坝，以拱卫州城。《澧州水道图说》载："成化时，指挥柴启修城，所以于西、南、东三面为石堤，以护城脚。士民复捐资于冲口下建石柜，名文良制，以障冲口之水，俾东南流。于制之东岸筑土堤一道，以防冲口入濠之水泛涨。又于制西筑土堤，绕北转东，总名护城堤。更于前后两河交会处，北接护城，为关王庙堤。至万历时，两河夹涨，关王堤溃，城外民居尽没水，由护堤内逆灌，而西城为之圮。守道陆懋龙尝捐资修筑。万历二十一年（1593）复溃，知州管承泰乃甃以石，患稍杀。"③清代澧州官员何璘在《重修护城管公二堤记》中说得更为清楚："前明数苦水患，乃于城西南六里许建石障，俾水南趋，名"文良制"。由制西起筑土堤，逶迤而北，又自北而东，凡周城西北东三面，至关庙止，绵亘数里，以遏横流，名护城堤。厥后城之东隅又苦泛涨，由外逆灌入护堤，州牧管君宗泰乃于关庙建石堤一道，以补

① 〔清〕何玉棻、魏式曾修纂《（同治）直隶澧州志》卷三《舆地志》，岳麓书社，2010，第154页。
② 〔明〕朱玉：《管公堤碑记》，载〔清〕何玉棻、魏式曾修纂《（同治）直隶澧州志》卷二十一《艺文志》，岳麓书社，2010，第562页。
③ 〔清〕何璘：《澧州水道图说》，载〔清〕何玉棻、魏式曾修纂《（同治）直隶澧州志》卷四《舆地志》，岳麓书社，2010，第177～178页。

护城堤捍御所未周，名管公堤。自此州城稍远水患。"① 这里提到的围绕澧州城建立的堤坝分别有文良制、护城堤，以及关王庙堤，关王庙堤也就是管公堤，这些堤坝在明清时期一直是保护澧州城的主要防洪设施。

文良制，由明万历年间的澧州知州俞审建造完成。俞审号莘亩，万历举人，他在出知澧州期间，遭遇大水，"澧为沅、湘诸水泉壑所归，万历己卯夏，淫雨浃旬，州水噬城郭"。他一方面积极救援受灾民众，"督舟人，救男女之漂没者，全活无算"；另一方面则待洪水退后，"又鸠工筑堤，以绝水患，名曰文梁堤，至今赖之"。② 文梁堤即文良制，位于澧州城的西面五里。前面提到，澧水在流入澧州城附近时，于"城西六里猪羊山之上，冲开一口，直入城壕"，也就是所谓内河，内河之水由上而下直接冲入城壕，"啮西南城基"，对城墙的根基产生侵蚀，若遭遇爆发性洪水，很可能直接冲毁城墙。为避免这种情况的出现，故在澧水北岸修建了一道石堤，即文良制，如此就可以逼迫澧水向南流，从而达到保护位于澧水北面的城基的作用，"澧城所以西面未尽没于波臣者，制之功实多"。至清朝时期，由于河道淤塞，河床抬升，文良制逐渐被湮没，同治元年（1862），"山溪暴涨，奔涛复巡故道，直射城垣，俄顷之间，城忽四溃，居民随波逐浪，不救者数千人"。事后，澧州地方官员何玉棻、廷桂等，"度于文良制上半里许，倚岸坚筑半石柜，自河底起高二丈余，势与岸平，仍旧名为文良制"。③

① 〔清〕何璘：《重修护城管公二堤记》，载〔清〕何玉棻、魏式曾修纂《（同治）直隶澧州志》卷二十二《艺文志》，岳麓书社，2010，第596页。
② 〔清〕陈梦雷、蒋廷锡辑《古今图书集成明伦汇编官常典》官常典第六百三十七，清雍正铜活字本。
③ 〔清〕何玉棻、魏式曾修纂《（同治）直隶澧州志》卷四《舆地志》，岳麓书社，2010，第175～176页。

　　自文良制起，环绕澧州城西面、北面又修筑有一系列的堤坝，总名为护城堤。《（同治）直隶澧州志》载："护城堤，自城西五里许文良制起，一由制沿内河而东至西门止，以障内河澧水旁溢；一由制环城北转东直至城东今兰江驿、关庙后止，所以西拒澧冲，东北捍澹涨也。名虽护城，实一带民田庐墓胥赖以保障。"① 可见，护城堤大致分为两道，一道自文良制沿着澧水分出的内河修筑，连接州城西门，主要用途在于防止澧水上涨侵袭城西一带。另一道则自文良制起，环绕城西、城北修建，直至城东的兰江驿、关庙，用途在于防止澧水冲击，以及抵御澹水来水。这道护城堤，并非紧贴州城修建，而是囊括了州城外的大片民居田宅。

　　文良制与护城堤的建成，较为有效地保护了州城西面和北面的安全。不过，城东却依旧处于无防护状态，而城东虽不至如城西、城北那样遭受澧水、澹水的直接冲击，却并非没有水患，于是又有了管公堤的修建。管公堤位于澧州城东澧水与澹水交汇之处，最初名关王庙堤，万历二十二年（1594），"两河水夹涨，护城堤复溃。（管）宗泰谓关王庙堤不固，则护城堤皆虚设，请于上捐俸，并动无碍帑银若干金，委节判陈大训鸠工集石，筑石堤。三月余竣工，华阳王朱玉为碑记，名其堤曰管公堤"。② 是则，关王庙堤本为一土筑堤坝，正是在知州管宗泰的主持下，方改为石筑，由此改名为管公堤。为何管宗泰认为"关王庙堤不固，则护城堤皆虚设"呢？《（同治）直隶澧州志》载："管公堤在城东三里许关庙之右，明州牧管承泰以有护城长堤，足以捍城西北后河之水，而澧水南河分流城壕所谓内河者，与后河水合于澧阳桥。两水交涨，下流不畅，往往由此倒灌而入城，西北护堤

---

① 〔清〕何玉棻、魏式曾修纂《（同治）直隶澧州志》卷四《舆地志》，岳麓书社，2010，第175页。

② 〔清〕潘相原：《澧志举要校注》卷一，应国斌校注，湖南人民出版社，2011，第140页。

内田庐仍被淹没，因增筑此堤，以捍城东水患。"① 原来，澧水与澹水在州城东合流后，若遇到两河之水同时暴涨，而下流河道不能及时排泄，汹涌的洪水就会溯流而上，倒灌冲击州城。如此一来，围绕城西、城北修建的护城堤实际上也就失去了意义。为防止这种情况的出现，故不得不于城东两河交汇处修建堤坝，与护城堤连接，以保护州城。

由文良制、护城堤以及管公堤等堤坝构成的防水体系，尽管未能从根本上消除澧州水患，但还是在一定程度上减轻了洪水对澧州城的威胁。而在堤坝不断被修筑的同时，另外一种应对水旱灾害的措施亦被较为普遍地推行开来，这就是围垸的大量兴建。

（二）围堤造垸谋生产

至明清时期，在单纯地修筑堤坝拦截洪水之外，逐渐发展出了"垸"这样一种新的防洪减灾的形式。所谓的"垸"主要出现在湖南、湖北地区，指在湖泊地带挡水的堤圩，同时也指堤所围住的地区，其形式有些类似于在长江下游太湖流域存在的"圩"。两湖地区的百姓，在地势低洼容易发生洪涝的地方，围绕耕作区域修建起大小不等的堤坝，以阻挡洪水，形成了一个个相对封闭的空间。据学者研究，两湖平原地区围垸的兴起，大致在南宋晚期，不迟于 13 世纪中期的南宋端平、嘉熙年间。② 不过，这种"垸"在澧州地区的出现，当主要始于明朝中后期。《（康熙）安乡县志》载："明王士华诣境筑防，而堤垸兴。春涨狂流，借以拥障，滨湖之亩，犹得与水争此土

---

① 〔清〕何玉棻、魏式曾修纂《（同治）直隶澧州志》卷四《舆地志》，岳麓书社，2010，第 175 页。

② 鲁西奇：《区域历史地理研究：对象与方法——汉水流域的个案考察》，社会科学文献出版社，2019，第 415 页。

也。岁非大袚，民恒赖之。"① 《（乾隆）安乡县志》载："邑向无堤
垸，明神宗时，分守王以邑频苦水灾，请旨动支备用帑银，于最下村
落鸠工创堤，邑董之。后常加修筑。"② 澧州地区"垸"的修筑，明
代官员王士华起到了重要的开创作用。然而，安乡县志的记载并不
准确，王士华不仅非明神宗时人，更未曾在安乡筑堤。《（隆庆）岳
州府志》载："王士华，字彦实，浙江鄞县人，进士。正统间，以
工部都水司员外奉敕筑华容诸防，与布政塞贤加县杨鐩，相便宜，
量才用，虽穷壤僻村，亦必躬造，劝富民出粟，建预备仓，择廉慎
吏掌管，以待工役。历九载，计所筑垸四十有八。微士华，邑今尚
莱芜场矣。"③ 可见，王士华只是奉敕前往华容县修筑堤防，他在华
容前后九年，修筑起四十八个垸。不过，王士华在华容的筑垸行动
可能对安乡起到了重要的引领示范作用。首先，安乡与华容毗邻，
皆位于洞庭湖滨，地理环境颇为相似，同样饱受水患之苦，宋代范
致明《岳阳风土记》即称："华容地皆面湖，夏秋霖潦，秋水时至，
建宁南堤决即被水患，中民之产不过五十缙，多以舟为居处，随水
上下，渔舟为业者十之四五，所至为市，谓之潭户，其常产即湖地
也。"④ 相似的境遇让安乡更易于受到华容的影响。其次，筑垸并非
一劳永逸之事，需要不断地加以维护方能持久，王士华的重要贡献
在于，其不仅在华容修筑起了四十多处堤垸，更重要的是建立起了
一整套修筑维护堤坝的机制。明代士人陈仕元记述王士华筑垸事时
言道："冬月水退，有司乃□粟集民修之，每院择其有智力者一二

---

① 〔清〕王基巩：《（康熙）安乡县志》卷二，清康熙二十六年刻本。
② 〔清〕张绰修，曾之亨纂《（乾隆）安乡县志》卷二，清光绪六年补刻本。
③ 〔明〕钟崇文：《（隆庆）岳州府志》卷十三，明隆庆刻本。
④ 〔宋〕范致明：《岳阳风土记》，载《景印文渊阁四库全书》第589册，台湾商务印书馆，
1983，第120页。

人为圩长，十余人为小甲，分地而筑，计功而食，至良法也。"① 正是这套维护机制的存在，方能保证堤垸在一个较长时期内起到防洪减灾的作用。这两点，应该都是吸引安乡予以效仿的重要因素。

此后的明清时期，我们将不断看到地方官员修筑堤垸的记载。明万历二年（1574），沈襄为安乡知县时，遭逢大水，"公初度，寅僚方举觞为寿，会水决堤，公罢酒脱冕，立雨中，策石肩土，督壮夫以杜崩啮，一时安堵。由是捐俸筑三十二院，有堤曰惠民堤，与叔敖芍陂同仁"。② 在沈襄的主持下，安乡修筑了三十二个垸。万历十六年（1588），安乡再遭大水，知县杨继韶"以安邑频年水灾，请动帑项，于最洼处兴筑堤垸。上荆南道王泮，详充咨准。凡筑十五垸，曰：围城、惠民、惠喜、罗阳、中和、黄堤、张让、刘孟、板桥、文明、实惠、兴家、太和、合家、新加，岁加修补"。③ 不过，此番杨继韶所为与沈襄存在一些性质上的差别，"《志林》：再筑堤十五为杨继韶，是其初为私垸，今乃动帑筑也"。④ 也就是说，沈襄修筑的三十二垸应该是其倡导，但由民间出资自发修建，而杨继韶所筑之十五垸，则动用了公帑，带有官方的性质。

经历明末清初的长期战乱，这些堤垸大概又有所毁坏。入清之后，地方官员开始重新恢复对堤垸的建设。《（康熙）安乡县志》载："皇清吴侯治汇，辛侯良器，俱经补葺。至康熙丙午，王侯之佐，因癸卯奇水，各垸倾圮，督士人加工，得复旧址。至康熙丙辰夏，南水迅发，各垸尽颓。己未冬，王侯基巩莅任。明年，单骑遍巡，督工修

---

① 〔明〕钟崇文：《（隆庆）岳州府志》卷十三，明隆庆刻本。
② 〔明〕陈思育：《沈侯去思碑记》，载〔清〕张绰修，曾之亨纂《（乾隆）安乡县志》卷七，清光绪六年补刻本。
③ 〔清〕潘相原：《澧志举要校注》卷一，应国斌校注，湖南人民出版社，2011，第138页。
④ 〔清〕潘相原：《澧志举要校注》卷一，应国斌校注，湖南人民出版社，2011，第138页。

筑，递年加基。自是水患稍舒。"① 《（同治）直隶澧州志》亦载，"澧旧无堤垸，有之自前明万历间始。废而复之则在国朝顺治初年。于民垸内别为官垸九，又增入大围民垸，以成官垸十，则康熙五十五年、雍正五年事也"。② 这里提到的十官垸，分别建立于康熙五十五年（1716）和雍正五年（1727）。《澧志举要校注》载："康熙五十五年，大水，澧州领帑筑官垸。"当时共建立官垸九处，"仰升平日久，户口殷繁，民艰于居食，不肯将从前空地置之不耕，且屡奉报垦之檄，垦地日多。于是圈空地为堤垸，请帑修筑官垸，曰阳由垸、孟姜垸、黄丝垸、张毛垸、窑口垸、李文垸、上夕阳垸、下夕阳垸、魏家垸，共九官垸"。③ 至雍正五年，澧州又修筑了大围垸，与此前的九官垸一起，合称为十官垸。④ 清朝时期出现的这些"官垸"，顾名思义，就是与由民众自发修建的民垸相对而言，由官府主持修建，并由官府管理的堤垸。这些堤垸的连续修筑，较为有效地减轻了洪涝灾害对于澧州社会生产、生活的影响。

然而，正因修筑堤垸在一定程度上起到了减缓洪灾的效果，官府和民众开始不断修建新的堤垸，堤垸数量在澧州地区迅速增加。俗话说"物极必反"，对于澧州来说，堤垸并非越多越好。随着堤垸数量的增加，堤垸所带来的效益正逐渐减小，负面效应不断凸显，成为加剧洪水的"帮凶"，以至于有人断言："水之横溢，实由堤垸堵塞所致。"⑤ 《（同治）直隶澧州志》载："其始为垸，与既废而复修也，垸

---

① 〔清〕王基巩：《（康熙）安乡县志》卷二，清康熙二十六年刻本。

② 〔清〕何玉棻、魏式曾修纂《（同治）直隶澧州志》卷四《舆地志》，岳麓书社，2010，第174页。

③ 〔清〕潘相原：《澧志举要校注》卷二，应国斌校注，湖南人民出版社，2011，第212～213页。

④ 〔清〕潘相原：《澧志举要校注》卷二，应国斌校注，湖南人民出版社，2011，第229页。

⑤ 〔清〕何玉棻、魏式曾修纂《（同治）直隶澧州志》卷三《舆地志》，岳麓书社，2010，第157页。

内之民咸收其利，非垸内之民亦不被其害。继而当事者则别民垸为官垸，增民垸入官垸，而后享利者独官垸，民垸多受其害，非垸内之民亦被其害。川流日壅，溃溢四出，而官垸终亦不能专其利矣。"① 明白地道出了围垸兴建后，作用逐渐由正面转向负面的趋势。何以本为舒减水患的围垸最终会走向它的反面呢？

《（同治）直隶澧州志》载：

> 然前明初未有堤垸，后稍筑而旋废。国初亦不过小民公修，以捍湖涨。垸既无多，筑不甚高，其水口最宽，漫水入湖之地亦最广，故溪峒诸山及蜀江虎渡之水骤发，五经流支流不能容，则听其淫荡于陆，由陆归湖，土人谓之漫水，多不过三日，少不过一二日，而水退甚速，不惟田庐幸保无伤，河身亦得借水刷沙，不至淤浅，而浮泥漫陆，反得积淤成腴，虽受水怀襄，亦未尝不资其利也。自康熙五十五年大涝，领帑修筑阳由，孟姜，黄丝，张毛，窑口，李文，上、下夕阳，魏家九垸，名官垸，堤身比民垸加高，民垸窃恐为壑，亦不得不高。此垸既加，彼垸不得不倍。有垸者倍，无垸不得不筑。夫以全澧如建瓴如怒马之水，五经流支流所不能容，群趋汇口以泄入洞庭，已虑咽喉隘而难通，况加以官民堤垸为之阻塞。……其不至泛滥冲溃而为民患也难矣。……至雍正五年，详准筑大围垸，乃与李文、黄丝等垸联而为一，号十官垸，而横流无涓滴稍减处矣，每五川骤涨，平陆至水深数尺，经五六日不退，不特低洼田庐受淹无已，而水势停歇，砂砾填陆，膏腴变瘠，河身日滞，容蓄倍艰。始患止在底

乡，继且及于高原。始患专在田野，继且及于城垣。而堤垸亦不能为固。[①]

澧水发生洪水的主要原因在于上游来水众多，下游排泄不及，故积涝成灾。在明代及其之前，洪水虽然亦频发，但造成的影响相对有限，原因在于当时尽管修筑有堤垸，但一者数量不多，二者多为民间自发修建，高度和强度都比较低，故不致对水流形成有力遏制。如此一来，即便洪水迅猛，溢出河道，亦可通过滨湖平原顺利抵达洞庭湖，洪水持续的时间通常不会太长。不仅如此，洪水带来的浮泥在地表沉积，反而可以起到肥田的作用。自从康熙五十五年由官府组织修建九官垸以后，情况发生了转变。官垸因有官府的财力作为支撑，建立得十分高大坚固，可以有效地抵御洪水。然而，这引起了民众的恐慌，民众因自发修建的民垸较之官垸相对低小，担心官垸以邻为壑，为此不得不竞相对民垸加高加固，那些没有建垸的百姓亦争相建垸，官垸与民垸之间形成了一种恶性竞争，导致垸的数量不断增加，高度亦不断增加。在这样的情势下，澧水上游来水再也无法较为通畅地宣泄疏导，不仅洪水持续时间开始逐渐延长，而且洪水因遭到阻滞而引起泥沙淤塞河道，河床抬升，河道蓄水量进一步降低，更加剧了洪水的严重性。最初可能只是低洼地带遭受洪水侵袭，发展到最后高地乃至州县城市亦在劫难逃。

围垸的大量建设和无序发展，让其起初的效益逐渐降低，反而成为澧水流域的一大弊症。《（同治）直隶澧州志》称："宸虑下及湖壖江浒可耕之地，胥给帑为垸，督以水利专员，为小民计丰盈，备稼穑

---

① 〔清〕何玉棻、魏式曾修纂《（同治）直隶澧州志》卷四《舆地志》，岳麓书社，2010，第178~179页。

者至矣。顾利之所在，害亦随之。下流多堤以拒水，上源或横溢为灾。建官垸不已，益以民围，务与水争地，使不得畅其奔趋之势。……一值暴涨，溷闸无所泄，小害禾黍，大害庐墓，甚者荡平陆，撼城垣，民不为鱼鳖者幸矣。"① 同书又称："水道迁移，利害攸关，以今日洞庭淤塞，下流堵筑，江水势益高，是河之为利什一，其为害什九，小民但知计利，不知防害。"② 程恩泽在《澧州》诗中称："况值圩堰阻，青青馥其稻。筑捍各竞峻，屹屹对厥堡。水怒不可泄，水径益以宵。一怒复再怒，森然出鳞爪。啮堤更啮郭，其势便欲沼。"③ 堤垸本是民众创造出来用以抵御洪水的有效措施，在很长时间内，都给澧州地区百姓带来了福利恩惠。然而，经过长期的发展，随着人口不断膨胀，堤垸数量的迅速增加，终于开始走向它的反面，成为加剧洪水的重要因素。

因此，此后澧水流域地方官员防治水患的重点，就不仅仅是一味地修筑堤垸。《（同治）直隶澧州志》称："国赋民生胥系围垸，固不可轻弃之波臣，不及时督令修筑，尤不可听奸人规利恣行堵截。"④ 对于地方官员来说，围垸的出现有其合理的一面，可以保护田地，抵御洪水，故不能完全废除堤垸，但为保证水流通畅，又不得不对堤垸的数量和规模进行控制，避免堤垸的无序发展。雍正年间，湖南巡抚范时绥上疏朝廷称："洞庭为受水之区，私垸日增，则水口日逼，上流受害。已饬将垸田碍水道者，劝谕拆毁存案，严禁添筑，俾水得

---

① 〔清〕何玉棻、魏式曾修纂《（同治）直隶澧州志》卷四《舆地志》，岳麓书社，2010，第 173 页。
② 〔清〕何玉棻、魏式曾修纂《（同治）直隶澧州志》卷三《舆地志》，岳麓书社，2010，第 157 页。
③ 〔清〕程恩泽：《程侍郎遗集》卷二《澧州》，清《粤雅堂丛书》本。
④ 〔清〕何玉棻、魏式曾修纂《（同治）直隶澧州志》卷四《舆地志》，岳麓书社，2010，第 173 页。

畅流。"① 乾隆九年（1744），当朝廷有官员建议在洞庭湖围湖造田，时任岳常澧道的严有禧上疏表示反对，他在奏疏中对于包括澧州在内的洞庭湖地区，因大肆修筑堤垸，围湖造田所带来的负面影响进行了详细的说明。他指出，洞庭湖周围堤垸数量的大量增加，始于康熙年间。康熙三十六年（1697），湖北大水，襄汉大堤溃决，导致大量北方流民南下逃难。朝廷将这些难民安置在洞庭湖周围，允许他们开垦湖边地带以自养。此例一开，福建、广东、江西等地的民众闻风而来，纷纷加入开垦的行列，"沅江始有南湖洲、大狐岭之安插，长沙亦有湘阴、斗垸、韩湾村八百亩之给筑"。至康熙四十年以后，"龙阳大围堤成矣，武陵姚家等障亦兴矣"。各地民众汇聚洞庭湖畔争相开垦，引起了无数的争斗诉讼，给地方治安带来了威胁，且民众自发修筑的堤垸往往过于单薄，容易溃决。故自康熙五十五年开始，朝廷拨付款项修筑了部分堤垸，被称作官围，每县一二十处不等，"每年责令地方官督率兴修，工完具报"。至乾隆五年，朝廷又发布上谕："凡零星土地可以开垦者，听民开垦，免其升科。"这自然进一步刺激了民众对湖滨地带的开垦，"随有傍湖居民招来四方认垦之人，复于湖滨各处筑堤垦田"，这些堤垸称作民围。很快，民围的数量就迅速增加，"视官围不止加倍"。官围与民围合计，所修筑之堤垸"不下九万余丈，积八十万步"。这些官私堤垸的修筑，导致"往时受水之区，多为今日筑围之所"，"每当春夏之交，西南诸路之水弥漫而来，年年如旧，而受水之区不复如旧，其不受害者鲜矣"。之所以如此，乃是因为："各围出水之路俱因筑有堤塍拦截窄小，水不能以畅流。流不畅则易积淤土，而水势更难泄消。是以一经水发，小则涨而逆流，害

---

① 《钦定八旗通志》卷一百九十三《范时绶传》，载《景印文渊阁四库全书》第667册，台湾商务印书馆，1983，第536页。

在高田；大则泛滥无归，高下垫没。凡皆领垦堵堤之为祸烈也。"因此，文章总结认为："湖南水患，患在堤垸太多。"① 乾隆二十七年（1762），湖南巡抚陈宏谋奏请划去江湖滨私围，《澧志举要校注》载："洞庭湖滨，及岷江、澧江下流洼地，积淤甚肥。澧州安乡民人，结伙私筑圩围，障水成田，名曰围田。南北水涨无所畜泄，泛滥旁溢，高下尽淹，镇集村庄庐舍漂摇，为害更大。宏谋奏请旨划去，依议行。"② 只是这些举措的有效性恐怕是值得考虑的，随着人口的增加，围湖造田，向水要地，皆有其不得不为之的合理性，官府的一纸命令似乎很难从根本上扭转澧水流域不断兴建堤垸的浪潮，清朝中后期这里的洪水灾害不断加剧就是明证。

澧水流域特定的气候条件和地理形势，形成了这里西北多旱，东南多水患的自然灾害格局，深刻地影响了澧水流域的社会民生。频繁发生的水旱灾害，对民众的生命财产构成了严重威胁，不仅直接导致人口的死亡，还有可能引发饥荒、瘟疫、社会治安恶化、百姓为修筑城墙堤坝而使得劳役负担加重等后果。为了应对水旱灾害，澧水流域的百姓付出了艰辛的努力，一方面，他们修筑了大量的堤坝，以拦截洪水，避免其对州县城市的直接冲击，如澧州城就建立起了相对完备的堤坝体系，尽管未能从根本上抵御洪水灾害，但在一定程度上还是减轻了洪水的威胁。另一方面，自明代开始，百姓开始大量的兴建围垸这样一种集防洪抗旱为一体的垦殖形式，扩大了耕地的面积，养育了更多的人口。然而，物极必反，由于缺乏科学的规划和相对低下的水利建设能力，堤坝、围垸的大量兴筑，开始让其效益逐渐下降，日趋走向其反面。为数众多的堤垸分布在澧水下游地区，导致上游来水

---

① 〔清〕严有禧：《查垦滨湖荒土移详》，载〔清〕何玉棻、魏式曾修纂《（同治）直隶澧州志》卷二十《艺文志》，岳麓书社，2010，第555～557页。

② 〔清〕潘相原：《澧志举要校注》卷三，应国斌校注，湖南人民出版社，2011，第273页。

无法及时宣泄，同时也导致河道淤塞，河床抬升，进一步加剧了洪涝灾害的破坏性。虽然官府已经意识到了问题的症结，但限于特定的社会条件，他们也无力从根本上改变现状，从而陷入了地方治理的困境。

‖ 第四章 ‖

澧水流域的 "溪蛮" 问题与民族治理

北宋官员郑獬在为澧州知州王知和撰写的墓志铭中曾言："澧之所最病者，惟溪蛮与澧江。"[1] 所谓"澧江"，就是指澧水流域频繁发生的洪涝灾害等，这在上一章中已经做了详细论述，这一章将集中精力关注澧水流域的另一个治理上的难题，即"溪蛮"问题，也就是澧水流域的少数民族治理问题。澧水流域东北位于武陵山区，属于高山丘陵地带，西南则为地势低下的澧阳平原，这样的地理差异，导致了历史上澧水流域民族分布上的差异，下游的滨湖平原，因适合农耕，很早就有汉人进入，成为中央王朝较早即予以有效管辖的地区；而上游的武陵山区，则因山深林密，地形复杂，成为少数民族聚居的地区，这些散布在武陵山区的少数民族，被称作"武陵蛮"，或者"五溪蛮"。在很长一段历史时期内，中央王朝对这里的控制都较为松散，难以深入。这样的民族分布情况，一方面，具有不同经济发展状况、不同文化风俗的民族之间不断相互交流、融合的特点，使得澧水流域呈现多元文化并存的局面。另一方面，少数民族地区与汉族地区的交错，又不可避免地产生了诸多的矛盾与冲突，给中央王朝对澧水流域的治理带来了很大的困扰。

---

① 〔宋〕郑獬：《郧溪集》卷二十《礼宾使王君（知和）墓志铭》，载《景印文渊阁四库全书》第 1097 册，台湾商务印书馆，1983，第 299 页。

一 边疆地理视野下的 "溪蛮" 问题

澧水流域所涵盖的范围大致包括今天张家界的桑植县、慈利县、永定区，常德市的石门县、澧县、津市、临澧县、安乡 2 县等地区。今时今日，这些地区身处中华大地的腹地，理所当然地被视作内地县市。然而，在中国自秦汉以来的王朝时期，情况却并非如此。这种特异性构成了澧水流域 "溪蛮" 问题产生的时代背景。

(一) 汉、夷过渡地带的澧水流域 "蛮族"

在漫长的历史时期内，澧水流域曾经分布着诸多被当时的汉人视作 "蛮族" 的少数民族。他们基本皆因位于武陵山区，被统称为 "武陵蛮"。"武陵蛮" 无疑是一个十分宽泛的称谓，澧水流域、沅水流域的少数民族皆在其中。不过，在 "武陵蛮" 的大名目之下，历史上还出现过许多拥有更为具体指称的少数民族群体，如在汉代出现于澧水流域的 "澧中蛮" "溇中蛮"，显然就是分别指代主要分布在澧水及其支流溇水的少数民族族群。魏晋南北朝时期出现的 "天门蛮"，当是指主要分布在当时的天门郡即今天的张家界地区的少数民族族群。唐代出现的 "石门蛮"，当是指主要分布在石门县境内的少数民族族群。明代出现的 "慈利蛮"，则是指分布在慈利县境内的少数民族族群。其实，这些不同的称谓背后，所指代的皆是生活在澧水流域的少数民族，只是在不同的历史时期，被赋予了不同的称谓而已。总体来看，历史上的这些少数民族族群，主要分布在澧水中上游的武陵山区，至于安乡等下游平原地带则很少看到他们的身影。

如果我们不只将视野局限在澧水流域或者湘西北一带，而是俯瞰整个中国西南地区，就会直观地发现，澧水流域其实与更大范围的少数民族区域紧密相连。历史上的很长时期内,今天的湖南西部、四川南部、重庆东部,以及贵州、云南的大片地区,分布着大量的被称作"西南夷"的少数民族族群。《宋史》卷四百九十三《蛮夷传》称:"西南诸蛮夷,重山复岭,杂厕荆、楚、巴、黔、巫中,四面皆王土。"① 这大片为夷人盘踞的区域,汉人的势力难以深入,被视作化外之地。这一大片少数民族区域实际上形成了中央王朝统治区域中的独特区域,而澧水流域恰好就处于中央直接控制的区域与难以掌控的少数民族区域的交界地带。这种过渡地带的性质从桑植到慈利、石门等地的风俗变化上就可以明显体现出来。桑植位于慈利西部,更为靠近澧水上游地区,直至清朝雍正年间的改土归流方被正式设置为县,此前的历史时期皆基本处于少数民族自治的状态。《(隆庆)岳州府志》记载桑植的风俗称:"盘瓠之裔,终古夷俗,父姬兄妇,配合自由。"② 这已是明朝时期,桑植的风俗依旧充满异域色彩。与桑植毗邻的慈利,早在隋朝就已设县,其不仅与少数民族地区接壤,甚至县境内亦有不少少数民族民众,宋代史书《续资治通鉴长编》中就记载,北宋真宗大中祥符五年(1012)七月,"澧州慈利县蛮人侵扰汉土,荆湖北路转运使陈世卿率兵逐之"。③ 慈利也因此风俗呈现了汉夷杂糅的状态。《(隆庆)岳州府志》称:"慈利,民俗淳俭,犹有古风,但未免杂于夷习。"④ 位于慈利东北的石门县,呈现了与慈利类似的特点,《(隆庆)岳州府志》载,"石门县,故志:人性淳厚,俗尚俭朴。邻澧阳者力耕桑,近溇阳者杂夷獠。按:石门县地介夷獠,壤狭而逼,其民耻商贾,甘借贷,治田亦薄,最善逃移。北乡为土酋所

---

① 〔元〕脱脱等:《宋史》卷四百九十三《蛮夷传》,中华书局,1977,第14171页。
② 〔明〕钟崇文:《(隆庆)岳州府志》卷七,明隆庆刻本。
③ 〔宋〕李焘:《续资治通鉴长编》卷七十八,中华书局,2004,第1778页。
④ 〔明〕钟崇文:《(隆庆)岳州府志》卷七,明隆庆刻本。

据，类弗往役，迩亦稍变矣"。① 石门县处于靠近 "夷獠" 的地带，可以很明显地划分为两大区域，东南面靠近澧州州治所在的澧阳县，当地人的生计方式以农耕为主，西北面则为 "土酋" 即少数民族占据。无论是在社会经济领域，还是在风俗文化领域，皆存在显著差异，其处于汉、夷过渡地带的特征至为明显。

（二）澧水流域边疆特性解析

在很长时期内，澧水地区在朝廷和世人的眼中，乃是不折不扣的边疆地区，是朝廷控御这些少数民族的前沿要地，这与如今作为中华腹地的形象存在很大差异。北宋前期编纂的重要军事著作《武经总要》中就称澧州 "在澧水之北，今与辰、鼎二州并为极边"。② 所谓 "极边" 就是最为靠近边境的地区。元代文人贡师泰称："予闻澧故南裔崇山地，在洞庭之西，巴黔之东，其治且多溪洞，民獠杂处，危峰峭岭，平地拔起，仰视莫穷……故骚人羁客过焉，辄起其沈郁离忧之思，而仕者率亦怖慄骇汗，往往以得代去为幸。"③《（万历）慈利县志》称："慈僻居边徼，联迤夷巢。"④ 清代熊伯龙称慈利县乃 "楚之西陲，介邻苗峒"。⑤《（同治）续修慈利县志》称："慈邑为楚边陲，逼近西域，与蛮峒接壤。"⑥ 只有到了明清以后，随着中央王朝的势力不断向少数民族地区深入，贵州等地开始建立行省，湘西等地也不断地改土归流，澧州的边境地位才逐渐发生改变，正如《（同治）

---

① 〔明〕钟崇文：《（隆庆）岳州府志》卷七，明隆庆刻本。
② 〔宋〕曾公亮等：《武经总要》前集卷二十一，辽沈书社，1988，第 1027 页。
③ 〔元〕贡师泰：《玩斋集》卷七《云楚庄记》，载《景印文渊阁四库全书》第 1215 册，台湾商务印书馆，1983，第 635 页。
④ 〔明〕陈光前：《（万历）慈利县志》卷九《职役》，明万历刻本。
⑤ 〔清〕熊伯龙：《鼎建慈利县儒学碑记》，载〔清〕稽有庆修、魏湘纂《（同治）续修慈利县志》，清同治八年刊本。
⑥ 〔清〕稽有庆修，魏湘纂《（同治）续修慈利县志》，清同治八年刊本。

直隶澧州志》中所言："州当宋元以前，滇黔未辟，澧固滨湖边地。"① 云南、贵州开辟以后，澧水流域成为连接内地与贵州、云南等地的交通枢纽，是著名的滇黔古道的组成部分，此时的澧州已经成为："控蛮獠路，扼滇黔楚蜀之冲，为湖南西北要害。"② 但即便是在明清时期，"滇、黔俱分省置司"之后，"环澧左右，溪峒丛错，诸蛮盘踞逼处，仍复出没无常"。③ 少数民族族群的大量存在，使得澧水流域依旧带有较为浓烈的靠近少数民族地区的边防色彩，以至于《（嘉庆）石门县志》中专门设置有"边防志"一章。④

二 "王化""蛮化"交织中的"溪蛮"与地方关系

澧水流域少数民族大量且长期地存在，深刻影响了这里的地方治理进程，少数民族治理成为困扰澧水流域历任地方官员的一个重要难题。这主要体现在两个方面，一是少数民族发生的动乱经常影响到澧水流域政治、社会的稳定，成为地方秩序的重要不稳定因素。二是少数民族迥异的文化风俗对澧水流域的汉人文化形成了冲击，使得这里成为多元文化并存的地区。

（一）少数民族对内地的侵扰与抵抗

少数民族治理问题带来的第一个重要影响，是澧水流域经常遭受

---

① 〔清〕何玉菜、魏式曾修纂《（同治）直隶澧州志》卷二《舆地志》，岳麓书社，2010，第 111 页。
② 〔清〕何玉菜、魏式曾修纂《（同治）直隶澧州志》卷二《舆地志》，岳麓书社，2010，第 111 页。
③ 〔清〕何玉菜、魏式曾修纂《（同治）直隶澧州志》卷一《星野志》，岳麓书社，2010，第 84 页。
④ 〔清〕苏益馨修，梅峰纂《（嘉庆）石门县志》卷二十一，清嘉庆二十三年刊本。

少数民族的侵扰。根据侵扰发生的动因，大致可以将这种侵扰划分为两种类型，一是少数民族势力趁中央王朝力量较弱之时主动发动的侵扰。中国历史的一个突出特点就是频繁地改朝换代，而且这种朝代的更迭很少会以和平的方式进行，大多伴随着残酷而血腥的战争，导致天下动荡，生灵涂炭。每逢此时，旧的王朝逐渐衰亡瓦解，而新的王朝又需要耗时费日重新确立秩序，实现稳定。这个转变的阶段，通常也是中央王朝势力最为衰弱的时候，其对于边疆少数民族地区的控制也趋于最弱，一些少数民族时常趁此时机为追逐自身利益而发起动乱，正如《宋书》卷九十七《夷蛮列传》所载，"蛮无徭役，强者又不供官税，结党连群，动有数百千人，州郡力弱，则起为盗贼"。① 历史上的澧水流域亦不例外，西汉时期中原王朝十分强盛，《后汉书》卷八十六《南蛮西南夷列传》记载此时武陵地区的少数民族 "虽时为寇盗，而不足为郡国患"。可见，其总体上是比较驯服的。然而，西汉后期政治日坏，王莽篡政，取而代之，建立新朝，天下陷入战火之中。经过激烈厮杀，刘秀推翻新朝，重建了汉政权，开启了东汉的历史进程。就在两汉之际，群雄忙于逐鹿中原，武陵地区的少数民族势力强势崛起，故《后汉书》卷八十六《南蛮西南夷列传》称："光武中兴，武陵蛮夷特盛。" 新建立的东汉政权与武陵 "蛮族" 之间展开了激烈的对抗。建武二十三年（47），"精夫相单程等据其险隘，大寇郡县"。武陵地区的少数民族首领相单程率众侵扰东汉辖境内的郡县。朝廷派遣武威将军刘尚 "发南郡、长沙、武陵兵万余人，乘船溯沅水入武溪击之"。刘尚率军沿着沅水西进，但由于刘尚轻敌冒进，加之不熟悉路径，结果 "尚军大败，悉为所没"，落得个全军覆没的下场。次年，相单程等进一步深入汉境，进攻临沅等地。光武帝无奈

---

① 〔梁〕沈约：《宋书》卷九十七《夷蛮列传》，中华书局，1974，第2396页。

启用老将马援率军出征，在临沅一带击败相单程，"单程等饥困乞降，会援病卒，谒者宗均听悉受降。为置吏司，群蛮遂平"。① 可见，汉军最终也未能从根本上击败武陵"蛮夷"，马援亦病死军中，只得无奈接受了相单程等的表面的投降。

唐末五代是中国历史上又一个分裂与动荡的时期，曾经盛极一时的大唐王朝在农民起义、藩镇动乱的不断冲击下，已日薄西山，风雨飘摇。唐朝后期，朗州和澧州，这两个分别位于沅水流域和澧水流域的州郡，相继落入武陵山区的"蛮族"之手。《新五代史》卷四十一《雷满传》记载："雷满，武陵人也。为人凶悍矫勇，文身断发。唐广明中，湖南饥，盗贼起，满与同里人区景思、周岳等聚诸蛮数千，猎于大泽中，乃击鲜酾酒，择坐中豪者，补置伍长，号土团军，诸蛮从之，推满为帅。是时，高骈镇荆南，召满隶麾下，使以蛮军击贼。骈徙淮南，满从至广陵，逃归，杀刺史崔蕘，遂据朗州，请命于唐。昭宗以澧、朗为武贞军，拜满节度使。是时，澧阳人向瑰杀刺史吕自牧据澧州，而溪洞诸蛮宋邺昌、师益等，皆起兵剽掠湖外，满亦以轻舟上下荆江，攻劫州县。"② 雷满既"文身断发"，自属少数民族无疑，而其部众亦多为蛮人。他们因饥荒而聚众为盗贼，后为朝廷招募成为官军，但不愿出境作战，故私自逃归，占据沅水、澧水流域，并迫使朝廷授予旌节，割据一方。其中提到的澧阳人向瑰亦为"蛮族"。《资治通鉴》载，中和元年（881）二月，"石门洞蛮向环亦集夷獠数千攻陷澧州，杀刺史吕自牧，自称刺史"。③ 此后直至后梁开平二年（908），马氏楚国攻占朗州、澧州，"先是，澧州刺史向瑰与彦恭相表

---

① 〔宋〕范晔：《后汉书》卷八十六《南蛮西南夷列传》，李贤等注，中华书局，1965。

② 〔宋〕欧阳修：《新五代史》卷四十一《雷满传》，宋无党注，中华书局，1974，第445页。

③ 〔宋〕司马光：《资治通鉴》卷二百五十四，中华书局，2011，第8382页。

里，至是亦降于楚，楚始得澧、朗二州"。① 方将澧州等地的控制权从
"蛮族" 手中夺回。不过，这也拉开了马氏楚国与武陵 "蛮族" 之间
战争的序幕。后晋天福四年（939），"八月，黔南巡内溪州刺史彭仕
然，引锦、溪州蛮万余人寇辰、澧二州，焚掠镇戍，遣使乞师于蜀，
蜀主以道远不许"。彭仕然有意联合四川的蜀国政权进攻楚国。九月，
楚国文昭王马希范 "命左静江指挥使刘勍、决胜指挥使廖匡齐帅衡山
兵五千讨之"。经过一番激战，至天福五年正月，彭仕然败退，"帅麾
下逃入溪、锦深山"，"遣其子师嵩帅诸蛮纳溪、锦、龚三州印，请
降"。② 楚国的军队虽然取得了胜利，但亦无力对溪州等地予以控制，
最终双方达成协议，彭仕然形式上归顺楚国，楚国则依旧委任其为溪
州刺史，并在边界地区建立了著名的溪州铜柱。在这次战争中，澧州
显然成了彭仕然率领之溪州部族攻击的重点所在。

　　元朝末年，群雄并起，天下又呈土崩瓦解之势，武陵山区的 "蛮
族" 再一次 "蠢蠢欲动"。《明史》卷三百一十《土司列传》称："湖
南，古巫郡、黔中地也。其施州卫与永、保诸土司境，介于岳、辰、
常德之西，与川东巴、夔相接壤，南通黔阳。溪峒深阻，易于寇盗，
元末滋甚。"③ 元末成为少数民族的一个活跃期。元顺帝至正十四年，
峒蛮向思侵扰石门县，"思永复与峒酋夏克武连兵劫石门，（邓）均
忠率义兵击杀之"。④ 其后，澧水流域又成为陈友谅与朱元璋争夺的地
区。陈友谅有意将澧水、沅水流域的少数民族为己所用，以增强实
力，"陈友谅据湖、湘间，唤以利，资其兵为用。诸苗亦为尽力，有

---

① 〔宋〕司马光：《资治通鉴》卷二百六十六，中华书局，2011，第8822页。
② 〔清〕吴任臣：《十国春秋》卷六十八《楚世家二》，徐敏霞、周莹点校，中华书局，2010，第953～954页。
③ 〔清〕张廷玉等撰《明史》卷三百一十《土司列传》，中华书局，1974，第7982页。
④ 〔清〕何玉菜、魏式曾修纂《（同治）直隶澧州志》卷十九《祥异志》，岳麓书社，2010，第539页。

乞兵旁寨为之驱使者，友谅以此益肆"。① 这一做法无疑会促使当地少数民族势力的进一步扩大。后朱元璋击败陈友谅，原先为陈友谅所据之澧州等地纷纷归附，那些少数民族势力亦不例外。然而，这样的归附并未带来长期的安定，很快，澧水流域的少数民族就重新发动了叛乱，"洪武三年（1370），慈利安抚使覃垕连构诸蛮入寇，征南将军周德兴平之。五年，复命邓愈为征南将军，率师平散毛等三十六洞，而副将军吴良复平五开、古州诸蛮凡二百二十三洞，籍其民一万五千，收集溃散士卒四千五百余人，平其地。未几，五开、五溪诸蛮乱，讨平之。十八年，五开蛮吴面儿反，势獗甚。命楚王桢将征虏将军汤和，击斩九溪诸处蛮僚，俘获四万余人，诸苗始惧。而靖、沅、道、澧之间，十年内亦寻起寻灭"。② 可见澧水流域的少数民族的动乱差不多贯穿了整个洪武年间，且规模颇为庞大，充分展现了这些少数民族在元末明初天下纷争之际势力的迅速膨胀。

明清之际，澧水流域曾惨遭战火荼毒，武陵山区的少数民族又一次看到了向中央王朝直接统治的地区扩展势力的机会。清顺治十年（1653），"桑植蛮，夺踞（慈利）十四都、十七都境土。有钟再睿，统兵与蛮战，杀土舍把余五等千余人，境土乃复，都民死者亦百余人"。③ 桑植蛮是指桑植地区的少数民族，在元明时期，桑植一直归附于中央王朝，故中央王朝在此地设置桑植土司。明末清初的动乱显然助长了他们进一步扩张的野心，故趁机夺取了慈利境内的部分地区。有赖于钟再睿等人的奋力抵抗，方收复境土。其时又有茅冈蛮覃应昌"夺据慈利十二、三都地，编民入酉伍者二十年。有刘明时者，赴京控诉。钦差马某，会同北抚林某，带兵擒获应昌，诛之。反其

---

① 〔清〕张廷玉等撰《明史》卷三百一十《土司列传》，中华书局，1974，第7982页。
② 〔清〕张廷玉等撰《明史》卷三百一十《土司列传》，中华书局，1974，第7983页。
③ 〔清〕潘相原：《澧志举要校注》卷二，应国斌校注，湖南人民出版社，2011，第187页。

地，匾明时门曰：'功同辟土'。"覃应昌伏诛在康熙八年（1669）。①
可见，覃应昌与桑植蛮类似，皆是趁明清交替之机，夺取了慈利部
分土地，且一占就是二十年，将原先属于朝廷的编户百姓，强行编
入了本民族之中。待清朝统治稳固后，朝廷方腾出手来将这些失陷
的境土收复。

　　二是少数民族因受到中央王朝及其地方官员的过分压迫剥削而被
迫进行反抗。历代王朝通常会对那些归附的少数民族征收一定数量的
贡赋，这样的征收一旦超过一定的限度就会引发动乱。如东汉安帝元
初二年，"澧中蛮以郡县徭税失平，怀怨恨，遂结充中诸种二千余人，
攻城杀长吏"。② 东汉顺帝永和元年（136），"武陵太守上书，以蛮夷
率服，可比汉人，增其租赋"。武陵太守认为武陵地区的"蛮夷"已
经破位顺服，完全可以按照汉人的标准向他们征收同样数量的租赋。
这一建议为朝廷所采纳，结果当年冬天就发生了叛乱，"其冬澧中、
溇中蛮果争贡布非旧约，遂杀乡吏，举种反叛"。澧水流域的少数民
族以朝廷背信弃义，擅自违背旧日约定，增加赋税为由，举兵叛乱。
第二年春天，叛乱的规模进一步扩大，"蛮二万人围充城，八千人寇
夷道"，迫使朝廷不得不出兵讨伐，"遣武陵太守李进讨破之，斩首数
百级，余皆降服。进乃简选良吏，得其情和"。③ 对于这些少数民族侵
扰内地的原因，宋朝人有着颇为深刻的认知。南宋孝宗时期的宰相周
必大就以亲身经历言道："臣少尝至辰州，凡辰、沅、靖三州之蛮，
粗知曲折。大抵散居诸洞，莫相统摄，初无背叛之意，只缘沿边州县

---

① 〔清〕潘相原：《澧志举要校注》卷二，应国斌校注，湖南人民出版社，2011，第 194～
　　195 页。
② 〔宋〕范晔：《后汉书》卷八十六《南蛮西南夷列传》，李贤等注，中华书局，1965，第
　　2833 页。
③ 〔宋〕范晔：《后汉书》卷八十六《南蛮西南夷列传》，李贤等注，中华书局，1965，第
　　2833 页。

作过之吏，与夫奸猾小人，因事逃入洞中，多方扇诱，遂致侵扰省地。"① 澧州与辰州等地密迩相邻，情况自然亦属类似。朝廷对这种情况是心知肚明的，故曾"诏湖南北、四川、二广州军应有溪峒处，务先恩信绥怀，毋弛防闲，毋袭科扰，毋贪功而启衅。委各路帅臣、监司常加觉察"。又诏"禁民毋质徭人田，以夺其业，俾能自养，以息边衅"。② 之所以会出现这样的诏书，说明朝廷已经意识到，少数民族变乱的发生，很多时候原因并不在于少数民族，而是在朝廷自身，或者是边防官员不能严格执行朝廷政策，过分剥削压迫少数民族民众，甚至贪图开疆拓土之功，主动侵犯少数民族地区。同时，不少边境的汉人百姓，通过质买等方式夺取了瑶人的产业，致其无以为生，也是变乱产生的重要原因。

（二）少数民族信巫尚鬼风气对流域文化的侵染

少数民族治理问题带来的第二个重要影响，是澧水流域深受少数民族文化之浸染。澧水流域在先秦时期隶属于楚国，楚文化的一个突出的特点就是"信巫尚鬼"。《汉书》卷二十八下《地理志》记载楚地风俗为："信巫鬼，重淫祀。"③ 《隋书》卷三十一《地理志》称："大抵荆州率敬鬼，尤重祠祀之事。"④ 这种风气必然影响到澧水流域，《（隆庆）岳州府志》谈到澧州的风俗时，在突出其"土腴俗美，宦游之士往往卜居焉"的特点外，也不得不承认："至于巫鬼相尚，冠婚不时，争讼连年，则犹故习也。"言及石门县："人性淳厚，俗尚

---

① 〔宋〕周必大：《文忠集》卷一百三十九《乞申严谋入溪洞人法》，载《景印文渊阁四库全书》第 1148 册，台湾商务印书馆，1983，第 537 页。
② 〔元〕脱脱等：《宋史》卷四百九十四《蛮夷传》，中华书局，1977，第 14191 页。
③ 〔东汉〕班固：《汉书》卷二十八下《地理志》，〔唐〕颜师古注，中华书局，1962，第 1666 页。
④ 〔唐〕魏征、令狐德棻：《隋书》卷三十一《地理志》，中华书局，1973，第 897 页。

俭朴。邻澧阳者力耕桑，近溇阳者杂夷獠。"慈利县："人性悍直，俗梗朴，力农务桑，信巫尚鬼，刀耕火种为业。"大庸千户所："俗又信鬼，刺肤血以事关神者，千百成群。"① 《（万历）慈利县志》卷六《习尚》记载慈利"习尚"称："人多尚淫祠，夏秋不雨，则凭巫打洞请水。又各立坛迎神，以祈祷之。秋冬夜，排门户设素斋会邻，凭老师降三圣神，以询吉凶，谓之做鬼，一谓之续神，瓦鼓铃刀之声不绝。"② 《（同治）续修慈利县志》称："祈祷，凡男妇辈遇有休咎，诣庙叩神，谓之焚香。或有病剧者，命巫人代祈，谓之求福。至广集巫众，酬神不愿，谓之还傩愿。"③ 一直到清朝，澧水流域的部分地区依旧呈现类似的状况，《（同治）直隶澧州志》称澧州："至于信巫尚鬼，虽沿屈宋之余氛，全楚亦惟届苗疆者稍存旧习。"④ 是则直至清朝，在澧水流域靠近苗疆的部分地区依旧存在"信巫尚鬼"的风气。

对于澧水流域这种"信巫尚鬼"的风俗传承，我们可以通过一个比较极端的例子来予以观察。在澧水流域，历史上存在一种被称作"杀人祭鬼"的风俗。宋代赵谧称："湖外风俗，用人祭鬼，每以小儿妇女生剔眼目，截取耳鼻，埋之陷阱，汰以沸汤，糜烂肌肤，靡所不至。"⑤ 这里的"湖外"是指湖南、湖北地区，表明这种风俗在荆楚地区流传甚广，澧州亦在其中。南宋时期，澧州就发生过类似的案例，称"澧之慈利有诉杀人祭鬼者"。⑥ 元朝汪大渊在《岛夷志略》中提到一个叫作"八节那间"的海外地方，指出这里的风俗与澧州相

---

① 〔明〕钟崇文：《（隆庆）岳州府志》卷之七，明隆庆刻本。
② 〔明〕陈光前：《（万历）慈利县志》卷六《习尚》，明万历刻本。
③ 〔清〕稽有庆修，魏湘纂《（同治）续修慈利县志》卷八《风俗》，清同治八年刊本。
④ 〔清〕何玉棻、魏式曾修纂《（同治）直隶澧州志》卷四《舆地志》，岳麓书社，2010，第 203 页。
⑤ 〔清〕徐松辑《宋会要辑稿》刑法二之一二二，中华书局，1957，第 6556 页。
⑥ 〔元〕汪大渊：《岛夷志略·八节那间》，载《景印文渊阁四库全书》第 594 册，台湾商务印书馆，1983，第 82 ~ 83 页。

同，其中一种风俗就是"一岁之间，三月内民户采生以祭鬼酬愿，信不生灾"。① 所谓"采生以祭鬼"即杀人祭鬼。元代时期，有监察御史向朝廷报告："近至荆湖访问，常、澧、辰、沅、归、峡等处，地连溪洞，俗习蛮淫，土人每遇闰岁，纠合凶愚，潜伏□莽，采取生人，非理屠戮，彩画邪鬼，买觅师巫祭赛，名曰采生。"② 杀人祭鬼的风俗显然与汉人所崇奉的儒家思想之间存在根本性抵触，但这一极端的风俗依旧能在澧州地区若隐若现地持续存在，足以表明此处受到少数民族风气浸染之程度。

这种长期延续的少数民族风气之影响，在特定的情况下，也会成为地方动乱的根源。如浓厚的信巫尚鬼的风气就会成为教唆鼓动民众起来反抗官府的重要因素。两宋之际于沅水、澧水流域发生的钟相起义就是如此。据史书记载："钟相，鼎州武陵县人，无他技能，善为诞谩，自号'老爷'，亦称'天大圣'，言有神通，与天通，能救人疾患，阴语其徒则曰：法分贵贱贫富，非善法也，我行法当等贵贱，均贫富。持此说以动小民，故环数百里间小民无知者，翕然从之，备糇相谒，旁午于道，谓之'拜爷'，如是者凡二十余年。"③ 钟相在起义发动之前就已经俨然成为地方宗教的领袖，并借此在百姓中间建立了崇高的声望，可能也形成了较为严密的组织系统。可见，钟相之所以能够号召数以万计的当地民众起来抗争，除了战乱、饥荒等客观因素外，民众中巫风的盛行也为其组织发动起义创造了天然的有利环境。

从上面的论述可以看出，少数民族本身之实力以及其所具有的文

---

① 〔元〕汪大渊：《岛夷志略·八节那间》，载《景印文渊阁四库全书》第594册，台湾商务印书馆，1983，第82～83页。
② 〔元〕佚名：《大元圣政国朝典章》刑部卷三典章四十一，载《续修四库全书》，上海古籍出版社，2002，第418页。
③ 〔宋〕徐梦莘：《三朝北盟会编》卷一百三十七，上海古籍出版社，1987，第996页。

化风俗，对澧水流域的历史发展产生了深刻影响。无论是对于历代中央王朝来说，还是对于身处澧水流域这一汉、“蛮”交界地带的澧州官员们来说，都不得不小心谨慎地应对少数民族所带来的种种问题，稍有不慎就可能引发意想不到的变乱。那么，历史上中央王朝是如何对澧水流域进行治理的呢？

三　“溪蛮”与澧水流域的民族治理问题

尽管历史上不同的朝代在处理少数民族治理问题上存在差异，但是我们还是可以发现其基本策略有着明显的类似性，或者说是继承性。就澧水流域来说，我们大致可以发现，中央王朝和地方官府在处理当地的少数民族治理问题上，实行了羁縻政策、军事控御、移风易俗、改土归流等诸多举措。

（一）羁縻政策的产生与演变

羁縻政策是历代中央王朝针对边远少数民族地区所采取的一种民族政策，即在保持或基本保持少数民族原有的社会组织形式和管理机构的基础上，承认其酋长、首领在本民族和本地区中的政治统治地位，任用少数民族地方首领为地方官吏，他们除在政治上隶属于中央王朝、经济上有朝贡的义务外，拥有处理其余一切事务的权力。这一政策源于秦汉，兴盛于唐宋。

澧水流域所在的武陵山区，早在秦汉时期就开始推行这一政策。《史记》卷二十五《律书》载：“（汉）高祖有天下，三边外畔……会高祖厌苦军事，亦有萧张之谋，故偃武一休息，羁縻不备。”① 实际上

---

① 〔汉〕司马迁：《史记》卷二十五《律书》，中华书局，1959，第 1242 页。

也就是汉初朝廷经过长期的战乱之后，既无余力，亦觉无必要彻底征服少数民族地区，故决意推行羁縻政策。在此形势下，汉高祖时，"酉、辰、巫、武、沅等五溪"之地，巴氏五兄弟"各为一溪之长"。即将武陵山区赐予"巴氏五兄弟"分掌。当然，武陵山区的少数民族亦需要承担一定的义务，《后汉书》卷八十六《南蛮西南夷列传》称："汉兴，改为武陵。岁令大人输布一匹，小口二丈，是谓賨布。"[①]每年少数民族中的成年人需要缴纳布一匹，未成年人则缴纳二丈。除此之外，别无负担。东汉安帝时期，朝廷有意改变这一政策，要求少数民族民众与汉人一样缴纳赋税，尚书令虞诩曾极力反对改变政策的做法，他言道："自古圣王不臣异俗，非德不能及，威不能加，知其兽心贪婪，难率以礼。是故羁縻而绥抚之，附则受而不逆，叛则弃而不追。先帝旧典，贡税多少，所由来久矣。今猥增之，必有怨叛。计其所得，不偿所费，必有后悔。"[②]虞诩认为朝廷应当如此前的各朝一样，继续奉行羁縻政策，少数民族如果愿意归附即予以接纳，如果叛逃，亦听之任之，不必予以穷追。而对于赋税亦当恪守成宪，不可贸然予以增加。这番言论明白地道出了汉代一直实行的羁縻政策的基本原则。但朝廷未能采纳虞诩的谏言，结果引发了大规模的叛乱，已见前述。推行这样的羁縻政策，一方面起到了安抚少数民族的作用，有助于防范其作乱。另一方面在特定情况下还可以利用那些与中央王朝交好的少数民族，来制约那些更具侵略性的族群，也就是俗话说的"以夷制夷"之策。如东汉章帝肃宗建初元年（76），"武陵澧中蛮陈从等反叛，入零阳蛮界。其冬，零阳蛮五里精夫为郡击破从，从等皆降"。无论是"澧中蛮"还是"零阳蛮"，皆是生活在澧水流域的少

---

① 〔宋〕范晔：《后汉书》卷八十六《南蛮西南夷列传》，中华书局，1965，第 2831 页。
② 〔宋〕范晔：《后汉书》卷八十六《南蛮西南夷列传》，中华书局，1965，第 2833 页。

数民族族群。面对"澧中蛮"的反叛，朝廷主要是利用"零阳蛮"的力量将之击败。建初三年冬，"溇中蛮覃儿健等复反，攻烧零阳、作唐、屠陵界中。明年春，发荆州七郡及汝南、颖川弛刑徒吏士五千余人，拒守零阳，募充中五里蛮精夫不叛者四千人，击澧中贼"。① 在此番平乱中，"充中五里蛮精夫不叛者四千人"亦发挥了重要作用。

正因为在中央王朝尚无力直接统治这些少数民族地区的情况下，羁縻政策在维护边疆安定等方面发挥了良好作用，故秦汉时期所形成的这一羁縻政策，为后代王朝继续遵行。《宋书》卷九十七《夷蛮列传》载："荆、雍州蛮，盘瓠之后也。分建种落，布在诸郡县。荆州置南蛮，雍州置宁蛮校尉以领之。世祖初，罢南蛮并大府，而宁蛮如故。蛮民顺附者，一户输谷数斛，其余无杂调，而宋民赋役严苦，贫者不复堪命，多逃亡入蛮。蛮无徭役，强者又不供官税，结党连群，动有数百千人，州郡力弱，则起为盗贼，种类稍多，户口不可知也。所在多深险，居武陵者有雄溪、樠溪、辰溪、酉溪、舞溪，谓之五溪蛮。而宜都、天门、巴东、建平、江北诸郡蛮，所居皆深山重阻，人迹罕至焉。前世以来，屡为民患。"② 南朝的刘宋王朝对于南方的这些少数民族，虽然设置了宁蛮校尉这样的专门机构予以管理，但可见这种管理依旧是比较松散的，少数民族所缴纳的赋税主要是象征性的，较之朝廷直接管理下的编户要轻得多，也因此导致不少普通百姓主动逃亡到少数民族地区。

至于唐宋王朝，其针对澧水流域等地的少数民族，政策上的羁縻性质同样是至为明显的。《武经总要》载："溪洞州，在辰、鼎、澧三州之界外，皆盘瓠遗种，世为边寇，讨之则负固自守，事久则劳人烦

---

① 〔宋〕范晔：《后汉书》卷八十六《南蛮西南夷列传》，中华书局，1965，第2832页。
② 〔梁〕沈约：《宋书》卷九十七《夷蛮列传》，中华书局，1974，第2396页。

费，故前代皆鸟兽畜之，款附则受而不逆，反叛则弃而不追。……太宗时，溪、锦、叙、富四州蛮相率诣辰州，愿比内郡民输租税，诏本道案山川地形以图来献，卒不许之。此圣王深维远览之至也。惟设溪洞诸州，赐以印绶，羁縻不绝，故屯戍之兵差减前世。"① 宋代与澧州等地接邻的少数民族地区，也如前代一样，将这些少数民族视作不沾王化的"鸟兽"，愿意依附则欣然接受，若反叛逃亡，则不予穷追。甚至当一些少数民族部落主动投诚归附，朝廷为避免后日之麻烦，亦拒不接纳。朝廷所做的只是授予这些少数民族的首领以各种称号而已。至北宋真宗大中祥符三年（1010），澧州官员向朝廷报告，"慈利县蛮相仇劫"，发生了动乱，请求朝廷出兵平定。"上恐深入蛮境，使其疑惧，止令（刘）仁霸宣谕诏旨，遂皆感服。"② 朝廷担心如果出兵就需要深入"蛮人"聚居的地区，而这显然有些超出了朝廷能够承受的范围，故只是让澧州知州刘仁霸予以劝解。

宋代以后，出现了为处理少数民族治理问题而创设的土司制度。所谓土司制度，是元、明、清王朝在少数民族地区设立的地方政权组织形式和制度。"土司"又称"土官"，是由中央王朝任命和分封的地方官，"世官、世土、世民"是其重要特点，即世袭的政治统治权，拥有辖区土地的世袭所有权及对附着在土地上的农民的世袭统治权。本质上来说，土司制度亦属于羁縻政策的范畴，也属于一种少数民族自治性质的制度。澧水流域最为典型的土司就是桑植安抚司。《读史方舆纪要》载："桑植安抚司，在九溪卫西北四百里，元置，以羁十八洞蛮。洪武二十三年（1390）归附，永乐四年（1406），复置安抚司，治上下二峒，属九溪卫。"位于澧水上游的桑植，一直是少数民

① 〔宋〕曾公亮等：《武经总要》前集卷二十一，辽沈书社，1988，第1031页。
② 〔元〕脱脱等：《宋史》卷四百九十三《蛮夷传》，中华书局，1977，第14176页。

族聚集之地，"司自上、下峒以外所辖凡十八洞，桑植、美坪、朝南、那步、人士、黄河、鱼龙、夹石、若南、捍坪、蚕辽、全藏、柘山、栏岩、黄家、板山、龙潭、书洛是也，皆苗獠出没处"。① 清朝建立后，"清顺治四年，宣慰司向鼎归附，授原职"。② 桑植的土司建置得以延续，且一直由向氏家族统治，前后绵延达数百年直至雍正朝改土归流，最后一任土司向国栋被流放，桑植改设县，方告终结。

（二）军事控御措施的使用

在羁縻政策下，朝廷固然可以只追求与少数民族地区维持名义上的臣属关系，在很大程度上避免了双方之间的矛盾，有助于维护边疆的稳定。然而，这并不意味着能够从根本上解决问题，在特定的情况下，双方依旧会产生各种矛盾，进而引发战争、骚乱等冲突。为了保证边疆的安定，中央王朝还需要在边疆地区保持相当的军事存在，在发生动乱后用以抵抗少数民族的侵扰。对于澧水流域的地方官员来说，他们承担着守土安民之责，有效抵抗来自少数民族的侵扰是其重要职责之一。对于大规模的少数民族叛乱，朝廷自然会派遣大军进行镇压，如宋真宗大中祥符五年（1012），"澧州慈利县蛮人侵扰汉土，荆湖北路转运使陈世卿率兵逐之"。③ 宋仁宗嘉祐二年（1057），澧州又报告："罗城峒蛮内寇，发兵击走之。"④ 元成宗时期，"黔中诸蛮酋既内附复叛，又巴洞何世雄犯澧州，泊崖洞田万顷、楠木洞孟再师犯辰州，朝廷尝讨降之"。⑤ 明朝洪武三年（1370），慈利土官覃垕发

① 〔清〕顾祖禹：《读史方舆纪要》卷七十七，贺次君、施和金点校，中华书局，2005，第3648页。
② 〔清〕赵尔巽等：《清史稿》卷五百十二《土司一》，中华书局，1977，第14215页。
③ 〔宋〕李焘：《续资治通鉴长编》卷七十八，中华书局，2004，第1778页。
④ 〔宋〕李焘：《续资治通鉴长编》卷一百八十五，中华书局，2004，第4468页。
⑤ 〔明〕宋濂：《元史》卷一百六十二《刘国杰传》，中华书局，1976，第3811页。

动叛乱，来势汹汹，朝廷命周德兴为征南将军，率军讨伐。洪武五年，又命卫国公邓愈为征南将军，江夏侯周德兴、江阴侯吴良副之，分道征讨湖南、广西"蛮"。通过武力镇压的方式，将这些动乱平息下去。

不过，这样的大规模动乱以及随之而来的大军征讨毕竟都属于少数。更多时候面临的乃是日常的小规模侵扰，这就要求朝廷在这些边疆地带建立起一整套较为完备的军事防御体系。北宋时期，就在澧水流域靠近少数民族的地区设置了十个军事堡寨，《武经总要》称："澧州……在澧水之北，今与辰、鼎二州并为极边，分控羁縻州数十，州境置十砦。"这"十砦"分别是伏求砦、石门县砦、慈利县砦、灵溪砦、台宜砦、索口砦、澧川砦、西牛砦、武口砦、安福砦。① 由于澧水及其众多支流构成了澧水流域交通网络的主要架构，因此这些军事堡寨也大多沿水道分布，被设置于水路交通的咽喉地带。如慈利县砦，"天禧中置。砦东至州水行二百四十六里，西至武口砦，接黔州界十余里，南至辰州辰阳县界三百三十里，东北灵溪砦"。② 慈利县砦与澧州主要由水道联系，表明该砦当在澧水干流或支流上。索口砦，则位于澧水支流溇水上，为九溪会流之所，《（隆庆）岳州府志》称："（溇水）发源归州界东，经溇中县南流至定平、索口，合索溪，守野潭洞人市东流，通四十八洞为一，南流至饭甑山观嘉渚，会澧水。"③ 武口砦，"在慈利县界，正控溪洞，与澧川砦同置。东至州十日程，西、东下溪州二百三十里，西接高州茨桐界。砦城三面控武溪口"。安福砦，"天禧中置，深在蛮境，控没底溪、恶石溪二水"。④

---

① 〔宋〕曾公亮等：《武经总要》前集卷二十一，辽沈书社，1988，第1027页。
② 〔宋〕曾公亮等：《武经总要》前集卷二十一，辽沈书社，1988，第1028页。
③ 〔明〕钟崇文：《（隆庆）岳州府志》卷七，明隆庆刻本。
④ 〔宋〕曾公亮等：《武经总要》前集卷二十一，辽沈书社，1988，第1029页。

这一系列军事堡寨相互呼应，构成了一条中央王朝直辖地区与少数民族地带的军事分界线。

除建立这一系列军事堡寨之外，宋朝还在澧水流域建立了一支由当地百姓组成的民兵队伍。南宋绍兴七年（1137），荆湖北路经略安抚司言："湖北路澧、辰、沅、靖州，并系接连蛮猺溪洞。昨营田四州，其招置弓弩手九千九百一十人，已见就绪，散居边境，教习武艺，弹压蛮夷，并不请官中钱粮。平常无事，耕作自赡，若遇缓急，勾集使唤，极有便利。止有靖康元年内，全军调发，应援河东陷没，又遭兵火，遂致死亡阙额数多。今若尽行省汰，缘澧、辰、沅、靖州并无正兵防守，窃虑引惹蛮夷观望，别致生事，欲将前项四州刀弩手元额，并权行裁减，立三千五百人为额。内澧州五百人，辰州一千人，沅州一千五百人，靖州五百人，依条责委知通提举。先将堪好田土摽拨措置招填，训练弹压，仍候招补足数，从本司别行相度，以元申增添补所有减下人额空间（闲）地土，并乞召人承佃，出租课补助岁计，委于本路边防财计两便。"① 南宋孝宗淳熙年间，宋适出知澧州，针对当地的 "猺洞之患"，"至则宣布诏旨，凡固结其心者，靡不备举。猺人感动，时相率拜庭下。公又思所以防制之者，取四县义勇及弓弩手，分隶于五知寨，而统以都巡检。给器仗，教以行阵，缓急皆可用。夷獠畏戢，无敢犯"。② 可见，早在北宋时期，朝廷就在澧州等与少数民族接壤的边境地区，招募了大量民众作为弓弩手，由朝廷拨给土地，平时耕种，有紧急情况时，则征召起来投入作战。这些弓弩手属于民兵性质，并不从朝廷领取钱粮，故成本很低。但他们皆为本地百姓，熟悉情况，且有保

---

① 〔清〕徐松辑《宋会要辑稿》兵一之一九、二〇，中华书局，1957，第 6763 页。
② 〔宋〕韩元吉：《朝奉大夫新知泰州宋公墓志铭》，载曾枣庄、刘琳主编《全宋文》第216 册，上海辞书出版社、安徽教育出版社，2006，第 337 页。

家卫乡之热情，战斗力颇高。不过在两宋之际，朝廷将他们集体征调出境作战，导致全军覆没。至南宋初，又逐渐建立起来，成为寻常时期防卫地方、抵御少数民族侵扰的主要力量。这一做法，在元代得到了沿袭。《元史》卷一百六十二《刘国杰传》载："辰、澧地接溪洞，宋尝选民立屯，免其徭役，使御之，在澧者曰隘丁，在辰者寨兵，宋亡，皆废。"湖广行省平章政事刘国杰"悉复其制"。①

至明朝时期，朝廷在澧水流域设置了一系列卫所，作为控制少数民族的主要军事力量。九溪与永定两个卫的建立，直接渊源于明初覃垕、夏得忠等澧水流域少数民族首领发动的大规模叛乱。明代设置的九溪卫位于宋代索口砦，《读史方舆纪要》载："九溪卫，在慈利县北九十里，西南至永定卫二百八十里。本宋之索口寨，后废为市，有九溪会流，故名。洪武初，编栅为城，授土酋戍守。二十二年叛，寻讨平之，始城其地为九溪卫，隶湖广都司，城周八里有奇，属所三，安抚司一。"至于永定卫，"在慈利县西北百八十里，西南至永顺宣抚司百二十里。明初置戍于夷徼羊峰地，隶永顺宣慰司。洪武三年（1370），编栅为城，简沔阳、安陆、黄州、襄阳诸军充戍，曰羊山卫。后以屯饷艰阻，改置今卫，临庸水之阳，名曰大庸。建文初，更名曰永定。隶湖广都司，城周九里"。② 可见，与宋代、元代主要倚重澧水流域当地人组成的民兵不同，明代卫所中的驻军多为外地移民。在九溪、永定二卫之下，又各自设置了若干个守御千户所，从而构成了一整套较为完备的防御体系。清朝初年，大致延续了明朝的这一防御体系。

① 〔明〕宋濂：《元史》卷一百六十二《刘国杰传》，中华书局，1976，第3811页。
② 〔清〕顾祖禹：《读史方舆纪要》卷七十七，贺次君、施和金点校，中华书局，2005，第3645~3646页。

（三）移风易俗：从根本上改变"蛮夷"之风的尝试

较之军事上的控御来说，更为有效的治理举措，当在于移风易俗，即从根本上改变这里的"蛮夷"之风，将其变成与其他中央王朝管辖下的州县一样崇奉儒家文化的区域。风俗的改变并非朝夕之功，而是一个漫长的历史过程，但深受儒家思想影响的一代代澧州官员们，在不断地推进这项艰巨的事业。这种移风易俗又大致包括两个层面的做法，一是从法律层面对一些极端的风俗进行整治。如前面提到的杀人祭鬼之风，就为历代王朝严厉打击。南宋高宗绍兴十九年（1149），朝廷下诏"禁湖北溪洞用人祭鬼及造蛊毒，犯者保甲同坐"。① 至元代，将杀人祭鬼的行为视作"大恶"，制定了专门的律条予以严厉惩治。《元史》卷一百四《刑法志》："诸采生人支解以祭鬼者，凌迟处死，仍没其家产。其同居家口，虽不知情，并徙远方。已行而不曾杀人者，比强盗不曾伤人、不得财，杖一百七，徒三年。谋而未行者，九十七，徒二年半。其应死之人，能自首，或捕获同罪者，给犯人家产，应捕者减半。"② 一些地方官员也积极地通过行政手段打击淫祀，扭转巫风盛行的社会风气，清代的赵念曾，在担任澧州地方长官期间，针对"楚俗多淫祀"的情况，"碎五通木偶，火其庙，晓民以正义，俗为之革"。将澧州地区民众供奉的五通神像打碎，并焚毁了其庙宇。

二是从思想层面进行引导、教化，严刑峻法固然能对一些极端的风俗进行整治，但正如孔夫子所言："导之以政，齐之以刑，民免而无耻。导之以德，齐之以礼，有耻且格。"要从根本上解决问题，更

① 〔元〕脱脱等：《宋史》卷三十《高宗本纪》，中华书局，1977，第569页。
② 〔明〕宋濂：《元史》卷一百四《刑法志》，中华书局，1976，第2653页。

多的还是需要进行正面引导。在传统社会，地方官员所能想到的主要途径自然是积极推行儒家的文化价值观念，以逐渐改变当地的少数民族风气。明代成化年间澧州知州李愚："以礼让喻俗，不规于簿书期会之间，一郡尽化之。"当时澧州地区流行着"女子过三十始嫁"的婚俗，李愚"檄属邑，俱依期婚娶，其贫不能举者，亦宜设法资之。一岁中完娶者二千余家"。① 万历年间的知州俞审，面对澧州"俗信尚巫鬼"的风气，"讲明圣谕，作孝弟忠信礼义廉耻八行图解劝导之，民俗一变"。② 当然，更为有效的从正面进行移风易俗的办法，就是大力兴办教育，在当地培养起一大批服膺儒家思想的士人群体，再通过他们的引领示范来教化更多的乡民百姓。明代熊广宣担任澧州知州长达七年，在任上"尤重风教，月朔辄与诸生论经史而后罢，更祭器，树题名碑，采名宦乡先生十五人者，祠诸学宫，士习歙动"。③ 万历年间，李同芳知澧州："悯澧疲苦，加意学校，建文昌阁、尊经阁，及两庑，勤行校课，所拔皆一时名宿。自是每科登隽者，不下十余人。"④ 崇祯年间，聂惟挺在澧州，"有贫不能娶者为之助聘，士子不能应试者赈之。任五年，殁于澧，澧人为立碑纪其事"。⑤ 清代广东学者刘鹤鸣，"乾隆庚午，举于乡，官钦州学正，谪湖南澧州，授徒讲学，从者常数百人"。⑥ 澧州境内的石门县，县境与少数民族地区接壤，且境内亦有少数民族分布，明初洪武年间，程式出任石门县令，

---

① 〔清〕陈梦雷、蒋廷锡辑《古今图书集成明伦汇编官常典》官常典第六百三十七，清雍正铜活字本。
② 〔清〕陈梦雷、蒋廷锡辑《古今图书集成明伦汇编官常典》官常典第六百三十七，清雍正铜活字本。
③ 〔明〕刘瑞：《五清集》卷十《赠熊太守还丰城序》，明刻本。
④ 〔清〕陈梦雷、蒋廷锡辑《古今图书集成明伦汇编官常典》官常典第六百四，清雍正铜活字本。
⑤ 〔清〕陈梦雷、蒋廷锡辑《古今图书集成明伦汇编官常典》官常典第六百三十七，清雍正铜活字本。
⑥ 〔清〕田明曜修，陈澧纂《（光绪）香山县志》卷十四，清光绪刻本。

当时 "石门俗朴野，行数十里不闻弦诵声"。程式到任后，"为之兴学校之教，厚生徒之饩，蠲士人之徭，行乡饮之礼。由是民渐知学，而俗日以美"。① 桑植县，原为土司属地，雍正改土归流后方设县，由朝廷派遣官员进行治理，这些官员同样将教育作为施政的当务之急，积极兴办学校、书院，《（同治）桑植县志》载："崇文书院，在城西，乾隆二十一年（1756）知县钟人文建，名同府书院，地接考棚，日久就圮。同知八年，知县曾叙笏率令邑人重建，正院一栋五间，讲堂一栋，三门头门一栋三间，环以垣墙，改名澧源书院。"②

经过漫长的儒家思想的教化，澧州地区的风俗出现了一定程度的转变，尤其是形成了一个儒家的士人群体。清代官员范元琳称："澧州素为楚南望地，温文尔雅之士沐浴。"③ 澧州下属的安乡县，明代士人陈宣在《安乡县科甲题名碑记》中称："考之图志，自洪武甲子设科以来，已阅八十余载。豪杰之士，由之而进者，肩摩踵接，后先相望。"④ 是则在明代，安乡就已经有不少读书人积极投身科举，且取得了不俗的成绩。澧州辖境中，慈利最为接近少数民族地区，清代孙承泽称："岳州西境慈利县，诸蛮门户。"⑤ 就是这样一个地区，在明代也已出现了一个读书人群体，《（万历）慈利县志》卷六《习尚》称其地 "士亦知谈理道，习攻文辞，耻奔竞，彬彬可观"。说明儒家思想在这里已经产生了一定影响。不过，"科目寥然无闻"，⑥ 是则这样

---

① 〔明〕李时勉：《古廉文集》卷十《巴陵程大尹墓志铭》，载《景印文渊阁四库全书》第1242 册，台湾商务印书馆，1983，第 845 页。

② 〔清〕周来贺修，卢元勋纂《（同治）桑植县志》卷三，清同治十一年刊本，第 68 页。

③ 〔清〕范元琳：《重修试院碑记》，载〔清〕何玉棻、魏式曾修纂《（同治）直隶澧州志》卷二十一《艺文志》，岳麓书社，2010，第 577 页。

④ 转引自高守泉校注《〈澧纪〉校注》卷八，名家出版社，2010，第 354 页。

⑤ 〔清〕孙承泽：《春明梦余录》卷四十三，载《景印文渊阁四库全书》第 868 册，台湾商务印书馆，1983，第 757 页。

⑥ 〔明〕陈光前：《（万历）慈利县志》卷六《习尚》，明万历刻本。

的教化尚有待深入。明代在慈利境内设置的永定卫、九溪卫儒学风气亦颇有可观。永定卫，《（隆庆）岳州府志》称其"儒风浸盛，亦彬彬可观云"。① 九溪卫，明代澧州官员刘武臣在《科甲题名碑记》中称："九溪自有学以来，士子登省科暨甲科者恢恢焉，与通都大邑人才相颉颃。"② 即便是清朝时始置的桑植县，至清朝后期，儒学教化也已经颇有起色。《（同治）桑植县志》卷二《风俗》称："间阎多弦诵声，诸生习尚质朴，有古横经负示风，亦多自好，童子文颇尚理法。"③

在这样的情势下，澧水流域的少数民族也在一定程度上受到了汉人文化的影响，明代胡震亨《读书杂录》记载："土司子弟工诗者，有田氏二子，一田宗文，字国华，宣抚九龙之子，母吴人，善诗，生宗文。厌夷俗，出居澧水，与孙云梦、区海日交，未及三十，早卒。一田九龄，字子寿，号八溪山人，即宗文叔，购书充栋，叔侄自相师友，皆万历年中人也。"④ 身为土司子弟的田宗文，竟然因厌恶家乡的民族风俗，而选择居住于澧水地区，以与汉族士人相交往，这表明澧水地区当时的文人风气已较为兴盛。

（四）土司制度的废除与大规模改土归流政策的出台

澧水流域的少数民族经过与汉人千百年的交流与融合，以及历代王朝官员所推行的移风易俗等活动之影响，双方在社会、经济、文化等各个领域都形成了紧密联系，这为中央王朝废除羁縻政策，实行大

---

① 〔明〕钟崇文：《（隆庆）岳州府志》卷七，明隆庆刻本。
② 转引自高守泉校注《〈澧纪〉校注》卷八，名家出版社，2010，第353页。
③ 〔清〕周来贺修，卢元勋纂《（同治）桑植县志》卷二《风俗》，清同治十一年刊本，第46页。
④ 〔明〕胡震亨：《读书杂录》，载《续修四库全书》第1132册，上海古籍出版社，2002，第392～393页。

规模的改土归流创造了条件。所谓改土归流，就是废除西南各少数民族地区的土司制度，改由中央政府委派流官直接进行统治，实行和内地相同的地方行政制度。虽然在清代以前这样的活动一直在零星、分散地进行，但大规模的展开则是在雍正年间。当时的朝廷采取恩威并用的方式，将云南、贵州、广西、四川等广大西南地区的土司纷纷废除，代之以朝廷派遣的流官。澧水流域的土司制度也正是在这一大的时代背景下走向了历史终结。澧水流域的土司主要集中在桑植、茅岗等地，《清史稿》中对这一过程有一个大致的记述。《清史稿》卷五百十二《土司一》载："桑植宣慰司，本慈利县地。元有上桑植、下桑植宣慰司。明置安抚司。清顺治四年，宣慰司向鼎归附，授原职。鼎子长庚调镇古州八万。长庚子向国栋残虐，与容美、永顺、茅冈各土司相仇杀，民不堪命。雍正四年，土经历唐宗圣与国栋弟国柄等相率赴愬，总督傅敏入奏，乃缴追印篆，国栋安置河南，以其地为桑植县。"① 明清以来，桑植土司一直由向氏家族统领，传至向国栋告终。

作为末代土司的向国栋，其经历颇有传奇色彩。根据《清史稿》记载，向国栋为人暴虐，与其他土司屡屡相互仇杀，弄得民不聊生，故遭到其弟向国柄和部属经历官唐宗圣等人的控诉。朝廷顺应天心民意，将向国栋废黜，流放至河南，同时将桑植改为县。但这只不过是朝廷为合理化其废黜土司的行为而做出的片面陈述，并不完全符合事实。向国栋本人就对此颇为不服，尽管被终身流放至河南，但在河南他写了一份万言书，表达内心的不满。结合向国栋自述，我们可以看到与《清史稿》中不同的记述。康熙四十六年（1707），向国栋的长兄病死，母舅唐宗圣欲扶其甥向国柄继任桑植土司，遂唆使下属南北旗军民发起叛乱，向国栋在容美土司协助下捕杀了叛乱者，承袭世

---

① 〔清〕赵尔巽等：《清史稿》卷五百十二《土司一》，中华书局，1977，第14215页。

职，但念及母舅之情对始作俑者唐宗圣表示了宽容，让其继任原职。向国栋为人重义，爱打抱不平。雍正二年（1724）保靖土司王彭泽弘病故，司官彭泽蛟图谋篡位，彭泽弘遗孀带着两个年幼的儿子前来求助向国栋。向国栋慨然联合永顺、容美两位土司王，上奏朝廷请求为彭氏遗孤正名。获准后，备衣冠轿马派员护送彭氏遗孤上任，并出兵打击彭泽蛟。因为他的势盛，且乐于主持公道，一度成为湘西诸土司盟主。

然而，雍正五年春，唐宗圣再次唆使向国柄等人起事，突然纠集上百人围困土司城，逼死衙署总管，杀害向国栋身边的随员、戏班班头等人，绑架向国栋父子。向国栋下属一个叫张大贞的旗长潜入衙署援救向氏父子，向国栋才得以携家眷从耳门仓皇出逃至永顺土司领地。他将详情奏报湖广巡抚、布政司，请求审理。在审理过程中，唐宗圣以重金行贿，令案子久拖不决。此时清朝开始推行"改土归流"。唐宗圣趁机向朝廷揭发"向国栋残虐，与容美、永顺、茅冈各土司相互仇杀，民不堪命"。他代表桑植民众向朝廷"献土"，朝廷顺水推舟，于雍正七年将向国栋发配至河南开封祥符县。据此，朝廷对于向国栋与唐宗圣等人之间冲突的是非对错心知肚明，只不过唐宗圣等人的揭发检举恰好适应了朝廷改土归流这一大政方针的需求，故明知唐宗圣等人对向国栋的指责是欲加之罪，亦不加详查，径自将向国栋流放。或许正因如此，向国栋在万言书中说道："余性心直，若不平，则奋不顾身，不加深虑，故罪于难，迄今回首，屈不能伸者多矣！"其中沉痛悲愤之情，溢于言表。乾隆六年（1741），向国栋忧郁成疾去世，终年54岁。

朝廷对向国栋的处置，对湘西地区的改土归流起到了明显的震慑作用，在相当程度上加快了改革的进程。继桑植之后，上下峒长官司、茅冈长官司先后完成了改土归流。《清史稿》卷五百十二《土司一》称："上下峒长官司，明置宣抚司，复改为长官司，而分其地为二。清康熙二年，向九鸾、向日葵归附。二十一年，给九鸾上峒长官司印，日葵下峒长官司印。雍正十三年，上峒司向玉衡、下峒司向良佐纳土，以其地属桑植县。"又"茅冈长官司，明改天平千户所。清顺治四年，石门天平所千户覃祚昌、茅冈长官覃荫祚等相继归附，给与印信。雍正十二年，茅冈土司覃纯一纳土，石门天平所、慈利麻寮所相继请设流官，分其地属石门、慈利、安福三县"。①

　　澧水流域改土归流后，朝廷新设置了桑植、安福、永定等县。雍正十三年（1735），上下峒长官司改土归流，以其地合并原先的桑植宣慰司，以及安福所，并割慈利县十四都、十五都地设置桑植县，隶属永顺府。《（同治）桑植县志》载："安福所……国朝雍正七年，与桑植土司改为桑植县，遂因其土城建冶。"② 与此同时，明时期设置的永定卫、九溪卫等卫所亦被裁撤，其辖境亦改设县。《（同治）直隶澧州志》载："安福，本明初千户所名地则，国朝雍正八年以土司向化，改卫所置县，割九溪卫里六、永定卫里五，益以澧州进乐等里之错互者，合建县于裴家河，仍所名曰安福，属直隶澧州。"③ 其后，又有永定县之设立，《（同治）直隶澧州志》载："永定，明初亦为卫，设九永守备，以控制容美、桑植、永顺、保靖诸司，领大庸及前后左右中六所。国朝雍正八年，以诸司纳土归流，裁卫置安福县，屯民之附近安福者隶之。复以永卫城距福三百里，壤联永顺，就近归拨军民互杂输将未便，总督迈，乃于十三年题请更设永定县，割慈利之地三之一与安福□近永□地合成之。"④

① 〔清〕赵尔巽等：《清史稿》卷五百十二《土司一》，中华书局，1977，第14215页。
② 〔清〕周来贺修，卢元勋纂《（同治）桑植县志》卷二，清同治十一年刊本。
③ 〔清〕何玉棻、魏式曾修纂《（同治）直隶澧州志》卷一，岳麓书社，2010，第105页。
④ 〔清〕何玉棻、魏式曾修纂《（同治）直隶澧州志》卷一，岳麓书社，2010，第106～107页。

澧水流域改土归流政策实施，既是建立在此前历代中央王朝治理的基础上，是此前长期推行的羁縻政策、军事控御、移风易俗等政策结出的硕果，同时，改土归流，对这些少数民族地区实行与内地州县同样的统治，也意味着一种新的治理模式的实施，必然将进一步强化这里与内地的联系，进一步促进民族间的融合与发展。

一个地方之所以会成为今天的样子，固然是今天生活在这里的人们经营的结果，同样也是千百年来生活在这里的祖祖辈辈不断努力、不断积累的产物。澧州地区由于所身处的澧水流域特殊的地理形势，虽然在很早的时候就被纳入了中央王朝的版图，但直至明清时期，还有着相当浓厚的边疆色彩，不仅在地理上介于汉人与少数民族疆域之间，而且在风俗上深受少数民族风气之浸染。少数民族治理问题构成了自古以来澧水流域治理上所要面临的两大难题之一。自秦汉以来，无数朝廷派遣到这里的地方官员，针对这一问题付出了大量心血。他们一方面利用羁縻政策、军事控御等手段进行防范，另一方面又积极推行儒家教化，致力于移风易俗，通过兴办学校等方式，力图从思想文化上将这里纳入中央王朝之版图。与此同时，大量外来移民的进入强有力地改变并重塑了澧水流域的人口规模与结构，这些出于战争、饥荒等种种原因而进入澧水流域的人口，绝大部分为来自内地的从事农耕的汉人，这些人的进入也加快了这里的汉化进程，大大拉近了这里与内地在社会、经济、文化等方面的距离。也正是在这些政策长期有效推行的基础上，澧水流域至清朝终于较为顺利地实现了改土归流，将桑植等澧水中上游的少数民族地区的土司制度皆废除，开始按照内地州县同样的方式对这些地区进行治理。这既是此前历代王朝治理所结出之成果，亦是一种全新的更为严密有效的治理方式，是顺应澧水流域长期以来社会变迁进程的产物。当然，在强调多元共存的当今社会，古代地方官员对澧水流域的治理自然有其局限性，如刻意推行儒家文化以移风易俗，将少数民族的风俗一概视作野蛮、蒙昧之物，难免带有汉族中心主义的意味等。古代澧水流域地方治理中的成败得失，对于当下我们的地方治理，有着重要的参考价值和借鉴意义。

‖第五章‖

澧水流域的人口变迁与市镇经济发展

"民为邦本，本固邦宁"，古今中外一切文明，人口是最为基本也是最为重要的因素，是社会物质生活的必要条件，是全部社会生产行为的基础和主体。只有人口达到了一定的规模，才会在此基础上产生繁荣的商业活动，出现发达的社会经济。澧水流域在历史的长河中，其人口发展的总体趋势是不断增长，但在不同的历史阶段，受到战争、移民、自然灾害等诸多因素的影响，曾出现过人口规模的大起大落。而这种人口变迁又直接影响了澧水流域市镇经济的发展繁荣。

一 澧水流域人口变迁的历史过程

历史上的澧水流域，并非一个封闭的区域，特殊的地理位置决定了它在很长时期内，既是内地汉族地区与边疆少数民族地区的过渡地带，又是南方与北方的过渡地带。这种区位结构决定了澧水流域长期面临严重的少数民族治理问题，但同时由于内地移民的大量进入，又为少数民族治理问题的解决创造了条件。总体来看，自秦汉而下，澧水流域人口呈现逐步增长的趋势，且尤以汉族人口逐渐占据优势为主要特征，但是在不同的历史时期，其人口规模与结构又有很大区别。

下面就利用相关史料分时段来对澧水流域的人口规模与结构变迁进行考察。

（一）秦汉隋唐时期：澧水流域人口总量在起伏中缓慢增长

秦汉时期，中国进入了第一个长达数百年的统一时期。国家的长期统一，实现了政治的稳定，社会经济的繁荣，为人口的增长创造了良好的条件，汉代出现了中国历史上的第一个人口高峰，至西汉后期的元始二年（2），全国在籍户口总数达到了5767万人。不过，西汉时期经济发展的重心在北方黄河流域，广大的南方区域依旧处于地广人稀的未开发状态。《史记》卷一百二十九《货殖列传》记载："楚越之地，地广人希，饭稻羹鱼，或火耕而水耨，果隋蠃蛤，不待贾而足，地势饶食，无饥馑之患，以故呰窳偷生，无积聚而多贫。是故江淮以南，无冻饿之人，亦无千金之家。"[①] 地处南方的澧水流域人口规模如何呢？汉代澧水流域大体上被包括在武陵郡范围之内。《汉书》卷二十八上《地理志》载："武陵郡，高帝置。莽曰建平。属荆州。户三万四千一百七十七，口十八万五千七百五十八。""其下共领县十三，分别为索，孱陵，临沅，沅陵，镡成，无阳，迁陵，辰阳，酉阳，义陵，佷山，零阳，充。"[②] 由此可知，西汉武陵郡的范围十分广大，基本囊括了今天的沅水流域和澧水流域，以及今天湖北荆州、宜昌，湖南岳阳华容等部分地区。在这个广大区域中，官方统计的户数只有34177户，人口数则为185758人，可以称得上是地广人稀。我们无法进一步知晓澧水流域的具体户口数。不过可以做一个粗略地测算，假设武陵郡下辖的十三个县户口数均相同，则每个县的户数为

---

① 〔汉〕司马迁：《史记》卷一百二十九《货殖列传》，中华书局，1959，第3270页。
② 〔东汉〕班固：《汉书》卷二十八上《地理志》，〔唐〕颜师古注，中华书局，1962，第1594～1595页。

2629 户，人口数为 14289 人。十三个县中，属于澧水流域的仅有屦陵、零阳、充县三县，如此，合计户数为 7887 户，人口数为 42867人。可以看出，澧水流域此时的人口规模是很小的。

西汉后期，王莽篡政，群雄并起，天下大乱，经过一系列激烈厮杀，建立起东汉王朝。东汉迎来了一段较长时间的承平时期，至东汉后期，全国的户口数又基本达到了西汉鼎盛时期的水平。澧水流域的人口自然也应该得到了相应增长。东汉澧水流域的行政区划与西汉基本一致，皆隶属于武陵郡。《后汉书·郡国志》记载："武陵郡，秦昭王置，名黔中郡，高帝五年更名。……十二城，户四万六千六百七十二，口二十五万九百一十三。"其下辖之十二县分别为临沅、汉寿、屦陵、零阳、充、沅陵、辰阳、酉阳、迁陵、镡成、沅南、作唐。[1]其中属于澧水流域的有屦陵、零阳、充、作唐四县。按照与西汉类似的计算方式，可以得出东汉澧水流域的户数为 15557 户，人口数为83638 人。将之与西汉时期对照，分别增长了 97% 和 95%。可以看出，尽管无论是西汉还是东汉，有关澧水流域的户口数字都只是十分粗略地估算，并不准确，但是可以确定的是，澧水流域的人口数量在两汉时期呈现了不断增长的趋势。

随着东汉的衰亡，除西晋时期短暂的统一外，中国又陷入了长达数百年的分裂，澧水流域的人口数量增长不可避免地受到这一大环境的深刻影响。经过东汉末年的大乱，至魏元帝曹奂景元四年（263），魏国灭蜀，合计两国户口，仅有 94 万余户 537 万余口。当然，这里还不包括东吴的户口。17 年后的晋武帝太康元年（280），西晋灭吴，"收其图籍，得州四，郡四十三，县三百一十三，户五十二万三千，

---

① 〔宋〕范晔：《后汉书·郡国志》，中华书局，1965，第 3484 页。

吏三万三千，兵二十三万，男女口二百三十万"。① 将其与景元四年的户口合计，全国人口总计户 1463423 户，人口 7672891 人。较之东汉时期，户数减少了 91%，人口数减少了 85%。可见人口损耗之巨。身处长江以南的澧水流域，此时户口数有多少呢？至晋朝，澧水流域的行政区划已发生了很大的变化，汉代设置的武陵郡辖区已大为缩小，基本只包括沅水流域，澧水流域则设置了南平郡和天门郡。《晋书》卷十五《地理志》载："南平郡（吴置，以为南郡，太康元年改曰南平。统县四，户七千。）作唐，孱陵，南安，江安。" "天门郡（吴置。统县五，户三千一百。）零阳，溇中，衰（充），临澧，澧阳。"② 两郡合计户数为 10100 户。若以每户 5 口人计算，则人口数大约为 50500 人。较之东汉的 15557 户，83638 人，分别下降了约 35% 和 40%。这一下降幅度较之全国人口的下降幅度，显然要小不少。这一状况的出现当与澧水流域所在的地理区位有关。

东汉末年虽然群雄割据纷争，战争连绵，但在相当一段时间内，澧水流域所在的荆州地区则保持了相对安定。东汉后期，出身宗室的刘表执掌荆州，在较长时间内维系了荆州地区的稳定局面，这自然对身处北方战乱中的士人百姓产生了强烈的吸引力，他们不断向这一地区流动，"当世知名，辐辏而至。四方襁负，自远若归。穷山幽谷，于是为邦。百工集趣，机巧万端，器械变通，利民无穷"。③ 至西晋后期，短暂的统一局面又告终结，八王之乱、胡人南牧，再次将百姓拖入燎原战火。《晋书》卷六十六《刘弘传》载："及新野王歆之败也，以弘代为镇南将军、都督荆州诸军事，余官如故。……于时流人在荆

---

① 〔唐〕房玄龄等：《晋书》卷三《武帝本纪》，中华书局，1974，第 71 页。
② 〔唐〕房玄龄等：《晋书》卷十五《地理志》，中华书局，1974，第 456~457 页。
③ 〔汉〕蔡邕：《蔡中郎集》卷六《刘镇南（表）碑》，载《景印文渊阁四库全书》第 1063 册，台湾商务印书馆，1983，第 213 页。

州十余万户，羁旅贫乏，多为盗贼。弘乃给其田种粮食，擢其贤才，随资叙用。"① 西晋末年，又有大量人口进入荆州地区。虽然，这些南来的士人流民多集中在荆州腹心地带的江汉流域，但部分流民必然也会进入一江之隔的澧水流域。《旧唐书》卷四十《地理志》记载："澧阳，汉零阳县，属武陵郡。吴分武陵西界置天门郡。晋末，以义阳流人集此，侨置南义阳郡。"② 既然需要侨置郡县，可见来到澧水流域的北方流民必然不少，这自然有力地推动了澧水流域人口的增长。

至隋灭陈，再度完成全国统一，为重新进行全国性户口统计奠定了基础。因此，在《隋书》卷三十一《地理志》中我们再一次看到了有关澧水流域户口的数据。《隋书》卷三十一《地理志》载："澧阳郡（平陈，置松州，寻改为澧州。）统县六，户八千九百六。"其所辖六县分别为："澧阳（平陈，置县，大业初置郡……）、石门（旧置天门郡。平陈，郡废。）、孱陵（旧曰作唐，置南平郡。平陈，郡废，县改名焉。）、安乡（旧置义阳郡。平陈，郡废……）、崇义（后周置衡州。开皇中置县，名焉。十八年改州曰崇州，大业初州废。有澧水。）、慈利（开皇中置，曰零陵，十八年改名焉。有始零山。）。"③ 基本上就是澧水流域的范围。可见，经过南北朝时期的动荡，澧水流域的在籍户数有 8906 户，按照每户五口计算，则有口数 44530 人。较之西晋统一初期的 10100 户，50500 人，减少了大约 12%，下降幅度并不是很大，这当与澧水流域地处长江以南，距离南北对抗的前线尚有一段距离不无关联。

隋朝国祚短暂，隋炀帝的残暴统治很快就让隋朝陷入了农民大起义的浪潮。隋炀帝的暴政以及随之而来的长时间战乱，造成了全国人

---

① 〔唐〕房玄龄等：《晋书》卷六十六《刘弘传》，中华书局，1974，第 1763～1766 页。
② 〔后晋〕刘昫等：《旧唐书》卷四十《地理志》，中华书局，1975，第 1614 页。
③ 〔唐〕魏征、令狐德棻：《隋书》卷三十一《地理志》，中华书局，1973，第 895 页。

口的大量减少。澧水流域亦不例外。这一时期的澧水流域不再是一方净土，亦为战火波及。其时作为南朝后梁皇室后裔的萧铣在巴陵起兵，建立割据政权，"义宁二年（618），僭称皇帝，署百官，一用梁故事。……隋将张镇州、王仁寿击铣，不能克，及隋亡，乃与宁长真等率岭南州县降于铣。时林士弘据江南，铣遣将苏胡儿拔豫章，使杨道生取南郡，张绣略定岭表。西至三峡，南交趾，北距汉水，皆附属，胜兵四十万"。[①] 包括澧水流域在内的广大南方地区，皆为萧铣占据。唐朝建立后，派赵郡王李孝恭与大将李靖率军沿长江东下，消灭萧铣政权。应该正是战争影响，使唐朝前期澧水流域人口数量有了较大幅度减少。《旧唐书》卷四十《地理志》载："澧州，下，隋澧阳郡。武德四年（621），平萧铣，置澧州，领孱陵、安乡、澧阳、石门、慈利、崇义六县。……旧领县五，户三千四百七十四，口二万五千八百二十六。"[②] 由隋朝初年的 8906 户，减少至唐朝前期的 3474 户，下降幅度达 61%。此后经过唐太宗贞观年间，以及高宗朝的休养生息，全国户口数又逐渐得到恢复。至武后末年，户口数开始上升。又经过唐玄宗的开元盛世，至天宝年间，达到了唐朝户口数的最高峰。天宝十三年（754），全国共有 9187548 户，52881280 口，差不多达到了汉朝鼎盛时期的水平。与全国的人口增长趋势相应，澧水流域的户口数也达到了一个高峰，《旧唐书》卷四十《地理志》"澧州"条记载："天宝领县四，户一万九千六百二十，口九万三千三百四十九。"[③] 较之唐朝前期，户数增长幅度为 465%，口数增长幅度为 437%。唐朝人口持续增长的趋势并未能长期持续，安史之乱的爆发让这一势头停滞。虽然由于缺乏唐朝后期澧水流域的户口资料，不

---

① 〔宋〕欧阳修、宋祁：《新唐书》卷八十七《萧铣传》，中华书局，1975，第 3722 页。

② 〔后晋〕刘昫等：《旧唐书》卷四十《地理志》，中华书局，1975，第 1614 页。

③ 〔后晋〕刘昫等：《旧唐书》卷四十《地理志》，中华书局，1975，第 1614 页。

太清楚当时的人口规模，但由于安史之乱主要在北方进行，南方受到影响较大的主要是汉水流域，长江以南地区受到的影响相对有限。同时，战乱导致北方人口大量南迁。结合这两个因素，可以推测，澧水流域的人口得到一定的增长。

（二）宋元时期：战争影响下的人口规模变迁

北宋长期以来被视作一个"积贫积弱"的时代，其国力较之汉唐存在明显差距。但与此同时，我们也要看到，由于北宋政权的长期稳定，促进了社会经济的繁荣发展，正是在宋代，出现了中国历史上的另一个人口高峰。北宋神宗元丰三年（1080），"天下总四京一十八路，户主客一千四百八十五万二千六百八十四，口主客三千三百三十万三千八百八十九"。至徽宗崇宁元年（1102），全国"户二千合一万九千五十，口四千三百八十二万七百六十九"。[①] 宋代户数与口数不相匹配，是众所周知之事，其每户口数存在明显的不合理性。若按照每户5口计算，至崇宁年间全国总人口已超过一亿人。在这一背景下，澧水流域的人口达到了怎样的规模呢？《元丰九域志》为我们提供了神宗元丰年间澧州的人口数据，"户：主一万九千四百三，客三万九千七百三十六"。[②] 合计户数为59166户，如此口数则当为295830口。《宋史》卷八十八《地理志》则提供了崇宁年间的户口数据："崇宁户八万一千六百七十三，口二十三万六千九百二十一。"[③] 考虑到户口匹配的不合理性，其真实口数当为408365人。与元丰年间相比，户口数大约增加了38%，处于持续增长阶段。而与唐朝全盛时期的19620户93349口相比，户、口数分别增加了

---

① 〔元〕马端临：《文献通考》卷十一《户口考》，中华书局，1986，第114页。
② 〔宋〕王存：《元丰九域志》卷六，王文楚、魏嵩山点校，中华书局，1984，第271页。
③ 〔元〕脱脱等：《宋史》卷八十八《地理志》，中华书局，1977，第2195页。

316%、337%。可见，北宋时期，澧水流域的人口规模达到了一个新的高度。

两宋之际，澧水流域因战乱遭到了严重破坏，人口规模较之北宋出现了缩小。这一时期澧水流域饱受金人、盗贼，甚至官军的蹂躏。建炎、绍兴之际，鼎州人钟相率众发动起义。至建炎四年（1130），"金人陷潭州，孔彦舟入澧州，（钟）相乘人情惊扰，以拒彦舟为名，聚众于是日起兵，鼎、澧、荆南之民响应"。[1] 孔彦舟乃是乱世中崛起的一个军阀，本为北方山东人氏，率众南下占据澧州，之后又进一步占据鼎州。钟相与孔彦舟两股势力在这里展开了激烈争夺，造成了严重破坏。据称，钟相起义后，"焚官府、城市、寺观、神庙及豪右之家，杀官吏、儒生、僧、道、巫、医、卜祝及有仇隙之人，谓贼兵为爷儿，谓国典为邪法，谓杀人为行法，谓劫财为均平。病者不许服药，死者不许行丧，唯以拜爷乱常为事，人皆乐附而行之，以为天理当然"。原先的社会秩序完全被打破，"鼎州之武陵、桃源、龙阳、沅江，澧州之澧阳、安乡、石门、慈利，荆南之枝江、松滋、公安、石首，潭州之益阳、宁乡、湘阴、安化，峡州之宜都，岳州之华容，辰州之沅陵，凡十九县，皆为盗区矣"。[2] 在这种情势下，澧水流域的人口或死于战乱，或举家逃亡，当地的人口必然受到严重损耗。光宗绍熙四年（1193）三月，著名学者楼钥在《澧阳楼记》中描绘了澧州在经历了两宋之际的战乱前后发生的巨大变化，"澧之为州，……东接洞庭，西连施、黔，武陵在其前，江陵在其北，为湖广之孔道。承平日久，户口滋蕃，岁输米以斛计者十五万，养禁旅至三千有畸，盛矣。建炎之末，妖民弄兵倡乱，加以剧寇一再攻陷，民居官府，荡为

---

① 〔宋〕徐梦莘：《三朝北盟会编》卷一百三十七，上海古籍出版社，1987，第 996 页。
② 〔宋〕徐梦莘：《三朝北盟会编》卷一百三十七，上海古籍出版社，1987，第 996 页。

埃煤，因以饥馑，几无噍类。盖六年而后定。翦除榛棘，招集流散，仅复城郭之旧。今六十余年矣，米输犹不及盛时十一"。① 绍熙四年距南宋之初业已六十多年，澧州地区的赋税收入仅达到北宋鼎盛时期的十分之一，可见其时澧水流域的人口规模较之北宋时期已大为缩小。

宋元之际，澧水流域的人口又得到了一次重要补充，这得益于宋蒙战争引发的移民浪潮。自宋理宗端平元年（1234）发动收复三京之战、进军中原失败以后，宋蒙之间拉开了长达半个世纪的战争大幕。在中部京湖地区，双方的战争主要在以襄阳为中心的京西路一带展开，最终蒙古因攻破襄阳，撕开南宋中部防线，从而形成破竹之势，消灭了南宋。因此，在宋蒙战争中，遭到破坏最为严重的乃是京西路一带，而以南的荆湖地区则相对比较安宁，尤其是长江以南的湖湘地区，遭到战争波及较少。在蒙古攻破襄阳，沿汉水、长江而下之时，澧州所在的南宋荆湖地区大部分州城皆未做激烈抵抗便举城投降。《元史》卷八《世祖本纪》载："［至元十二年（1275）四月］丁未，阿里海牙遣郎中张鼎赍诏入江陵，宋荆湖制置朱祀孙，湖北制置副使高达，京西湖北提刑青阳梦炎、李湜始出降。阿里海牙入江陵，分道遣使招谕未下州郡，知峡州赵真、知归州赵仔、权澧州安抚毛浚、常德府新城总制鲁希文、旧城权知府事周公明等，悉以城降。"② 包括澧水流域在内的荆湖地区在宋末元初战争中相对太平安宁的局面，为大量北方人口南迁至此创造了条件。马端临称南宋一朝人口数量的顶峰在宁宗嘉定年间，"南渡后莫盛于宁宗嘉定之时"。嘉定十六年（1223），南宋全国人口"诸路主客户一千二百六十七万八百一，口二千八百三十二万八十五"。其中荆湖北路："户三十六万九千八百二

---

① 〔宋〕楼钥：《澧阳楼记》，载曾枣庄、刘琳主编《全宋文》第264册，上海辞书出版社、安徽教育出版社，2006，第367页。

② 〔明〕宋濂：《元史》卷八《世祖本纪》，中华书局，1976，第165页。

十，口九十万八千九百三十四。"① 然而，当蒙古从南宋手中夺取荆湖北路时，其人口规模如何呢？《元史》卷八《世祖本纪》记载："（至元十二年五月）辛巳，……荆南湖北路凡得府三、州十一、军四、县五十七，户八十万三千四百一十五，口一百九十四万三千八百六十。"② 经过半个世纪的鏖战，荆湖北路的人口较之南宋鼎盛时期，竟然增加了一倍有余，显然不可能是自然增长的结果，这意味着荆湖北路在南宋后期接纳了大量的外来移民。

在这个移民浪潮中，澧水流域自然亦是其中的受益者。据《元史》卷六十三《地理志》记载："澧州路，上。唐改澧阳郡，复改澧州。元至元十二年，立安抚司。十四年，改澧州路总管府。户一十万九千九百八十九，口一百一十一万一千五百四十三。领司一、县三、州二。"③ 这里的户口数字为元世祖至元二十七年（1290）统计所得，距离蒙古占领荆湖北路只有十五年时间，距离南宋灭亡也只有十一年时间。即便将其与北宋崇宁时期澧水流域的户口数相比，其户数增加了约35%，口数则增加了约172%，无论是户口数的增长幅度，还是增加的绝对人口数，都是非常可观的。此后直到清代中后期，澧水流域的人口才重新达到类似规模。可以说，元朝初期，是澧水流域人口发展史上的一个高峰。元代官员姚燧曾于至元二十年前后任职于湖北，撰有《澧州庙学记》一文，对澧州人口之繁盛有过一个描述："而今也，料次户口之繁庶，贡赋之征入，澧则亚于长沙，而近湖广省治，岳、鄂诸州不能半之。"④ 所言虽然或有一定程度的文学夸张，但总体上还是比较符合事实的。

---

① 〔元〕马端临：《文献通考》卷十一《户口考》，中华书局，1986，第116~117页。
② 〔明〕宋濂：《元史》卷八《世祖本纪》，中华书局，1976，第166~167页。
③ 〔明〕宋濂：《元史》卷六十三《地理志》，中华书局，1976，第1525页。
④ 〔元〕姚燧：《牧庵集》卷五《澧州庙学记》，载《景印文渊阁四库全书》第1201册，台湾商务印书馆，1983，第458页。

（三）明清时期：移民活动与人口数量的大规模变动

随着元末农民战争的爆发，澧水流域再次遭受战火洗礼，进一步导致人口的减少。元至正十三年（1353），"天完徐寿辉将倪文俊寇安乡，罗长卿与里人万户熊义山、前平江州同知张继等拒之。（原注：文俊来寇，长卿等率乡兵捍御。……时兵荒交迫，民不聊生，长卿所全活者甚众。）"① 至正十六年（1356），倪文俊攻陷澧州。其后，陈友谅杀倪文俊，建立起汉政权，占据江西、湖广等地，与朱元璋相对抗。至正二十四年，朱元璋攻灭陈友谅之子陈理，汉政权灭亡，湖广等地落入朱元璋手中。明朝建立后，澧水流域亦不安宁，在元末明初的动荡之际，澧水流域的"蛮族"趁机扩展其势力。洪武三年（1370），"慈利安抚使覃垕连构诸蛮入寇，征南将军周德兴平之"。② 洪武二十二年春，又有夏得忠诱九溪峒蛮复叛之事，《（同治）续修慈利县志》载："（洪武）二十二年，石门土蛮夏得忠诱九溪峒蛮复叛，袭破石、慈二县，民居公宇悉经残毁，人民死者以万数，溃散无算。上命靖宁侯叶升、同东川侯胡海、江南将军周德兴帅师十万往征，师渡九溪大庸王口岭大古皁洞，擒获夏二八古虎等，械送京师。"③

经过元末明初的一系列战乱，澧水流域的人口数量再一次大幅度减少。《（万历）慈利县志》就称："慈因覃、夏之变，户口多耗。"④ 《（隆庆）岳州府志》记载了明初洪武年间澧州的户口数，其中"澧州：洪武户七千七百八十三，口三万三千一百十三……安乡县：洪武

---

① 〔清〕潘相原：《澧志举要校注》卷一，应国斌校注，湖南人民出版社，2011，第82页。
② 〔清〕张廷玉等：《明史》卷三百十《土司列传》，中华书局，1974，第7983页。
③ 〔清〕稽有庆修，魏湘纂《（同治）续修慈利县志》，清同治八年刊本。
④ 〔明〕陈光前：《（万历）慈利县志》卷八，明万历刻本。

户三千八百八十七，口万五千二百一十……石门县：洪武户六千三百一十，口二万七千六百七十……慈利县：洪武户八千一百，口三万七千七百有九"。① 府志中的"澧州"当是指澧州州治所在地，不包括下属各县。因此，经合计，洪武初年澧州地区的总户口数为户26080户，口113702人。此后，明朝进入承平时期，人口数逐渐趋向恢复与增长。《（同治）续修慈利县志》称："明初峒峦覃垕肆虐，民不聊生，几于逃亡殆尽。永乐而后，流民复业，生齿日繁。"② 至明世宗嘉靖年间，与洪武初年相比较，澧州"户减千二百三十，口增二千二百六十三"，安乡"户减一千一百七十七，口减二千七百十二"，石门"户减二千七十八，口增五千二百四十"，慈利"户增八百三十五，口增万九百二十三"。③ 计算下来，嘉靖年间，澧州地区的户口数为户22430，口129416。因此，至嘉靖年间，澧水流域的户数有所减少，但人口数则有了一定程度的增加。总体来说，明代澧水流域的人口数量增加似乎并不是很快。不过，我们需要注意的是，明朝的户口实行军民分别统计，因此前面所列出的数字应当是指州县所掌握的民户数，并不包括隶属于军队序列的卫所所掌握的户口数。在澧州地区，明朝设置有永定、九溪等卫，大庸、麻寮、添平、安福等守御千户所。这些卫所中的军户不少来自移民，如永定卫"明初置戍于夷徽羊峰地，隶永顺宣慰司。洪武三年（1370），编栅为城，简沔阳、安陆、黄州、襄阳诸军充戍，曰羊山卫。后以屯饷艰阻，改置今卫，临庸水之阳，名曰大庸。建文初，更名曰永定"。④ 可见，永定卫最初的军户主要来源于湖北地区。因此，明朝澧水流域的实际人口数量要较之前

---

① 〔明〕钟崇文：《（隆庆）岳州府志》卷七，明隆庆刻本。
② 〔清〕稽有庆修，魏湘纂《（同治）续修慈利县志》卷三《户口》，清同治八年刊本。
③ 〔明〕钟崇文：《（隆庆）岳州府志》卷七，明隆庆刻本。
④ 〔清〕顾祖禹：《读史方舆纪要》卷七十七，贺次君、施和金点校，中华书局，2005，第3645～3646页。

面的统计数字更高。

　　明亡清兴之际，澧水流域遭到前所未有的战火破坏。《（同治）直隶澧州志》卷十九称："征旧志之所载，聆故老之所传，澧属阅乱最多，而惨毒莫如明季诸寇为甚。"① 在明清交替之际，李自成、张献忠、南明、清军、吴三桂等相继在这里展开争夺。明崇祯十六年（1643）春正月，李自成的军队攻陷安乡。三月，攻陷澧州。同年十一月，张献忠的军队又攻陷澧州，随后继续南下进攻常德，挖掘烧毁了明朝官员杨嗣昌的祖墓，在北还途中，烧杀抢掠，"过顺林驿，杀掠外，多砍手刖足，惨甚"。② 连绵不断的战争还引发了大规模的瘟疫，崇祯十七年四五月间，安乡"通县大疫，沿边尤苦，死者过半。有人出力瘗死者，日得数钱，米肉价三四倍。凡祷疫者，鱼虾腐蔬而已。是季，民废耕作，人绝烟稀，仰给常、澧"。③ 清军入关占领北京后，李自成等农民军溃败，向南方撤退，明王朝亦在南方重建南明政权。顺治元年（1644）十一月，"明福王兵部兼吏部杨鹗请以议叙王允符，来知安乡县事，率团总民兵防守……允符统各团官张象贤、熊自秩、张自元、熊一采等，与罗毛陈管贼相拒。团官因为奸利，出门肩舆张盖，鸣锣吹角，民稍拂意，即沉杀之，没其田地妻子为己有。又各争长相战杀，人苦之甚于贼。贼魁张马王游，连年盘踞慈石，肆掳戕，百里无人烟。安乡石首，大疫废耕，斗米千钱，人相食"。④ 顺治二年，李自成残部进攻澧州，"众三十万，南北千余里，烧杀殆尽，裸男女尸，抱压为戏，流血遍林野"。次年二月，又有马进忠部"过

① 〔清〕何玉棻、魏式曾修纂《（同治）直隶澧州志》卷十九《祥异志》，岳麓书社，2010，第536页。
② 〔清〕何玉棻、魏式曾修纂《（同治）直隶澧州志》卷十九《祥异志》，岳麓书社，2010，第540页。
③ 〔清〕王基巩：《（康熙）安乡县志》卷一，清康熙二十六年刻本。
④ 〔清〕潘相原：《澧志举要校注》卷二，应国斌校注，湖南人民出版社，2011，第180页。

澧，剽掠数次，州城庐舍尽毁，惟存数石坊，各官皆避匿津市"。"又有公安贼陈政，乘间窃发，安乡尤被残毒"。① 《（康熙）安乡县志》描绘了安乡遭受兵火荼毒的惨状："自癸未（崇祯十六年，1643 年）至丙戌（顺治三年，1646 年），兵戈四起，盗贼遍野，肆行劫掠，县治荒颓，官以民居为治。亲自下乡劝谕里中，各以义设团自为保聚。数年之间，鸡犬之声不闻，疾疫遍行，道路死者相枕藉，视古燕巢林木之惨，未有甚于此者。"② 位于澧水上游的慈利亦是如此，《（同治）续修慈利县志》载："时寇氛未息，南北不通，慈邑被袁贼攻破，杀伤甚惨。二年，张马王游诸贼破九溪卫城，盘踞西山，前后五载，熏毙峒寨民人与杀掳逃窜者十之八九，其（甚）者病幼弱难逃者，贼饥尽杀之以为食，慈境人民死亡逃散，百里无烟。"③

待清朝消灭南明政权以及农民军的残余势力之后，太平岁月仅仅维系十余年，又迎来了三藩之乱，包括澧水流域在内的湖湘地区再一次沦为战区，"澧属遭流贼蹂躏之后，还定安集甫十余年，又被吴逆虔刘甚毒"。④ 康熙十三年（1674），春三月，吴三桂陷澧州，知州张圣宏，安乡知县王之佐，各逃去。⑤ 至于康熙十八年，清军方收复澧州，"大兵自岳至澧，伪官皆遁，后贼皆由慈逃回，烧毁房舍，掳掠男妇，境内为之一空"。⑥

澧水流域在明清之际，不仅蒙受战火的荼毒，同时遭遇了一连串严重的自然灾害，对社会民生造成了更进一步冲击。"顺治八年，大旱，慈利兵荒交困，饿死十之三。顺治九年壬辰，大旱，永定斗米千

① 〔清〕潘相原：《澧志举要校注》卷二，应国斌校注，湖南人民出版社，2011，第181页。
② 〔清〕王基巩：《（康熙）安乡县志》卷一，清康熙二十六年刻本。
③ 〔清〕稽有庆修，魏湘纂《（同治）续修慈利县志》，清同治八年刊本。
④ 〔清〕潘相原：《澧志举要校注》卷二，应国斌校注，湖南人民出版社，2011，第198页。
⑤ 〔清〕潘相原：《澧志举要校注》卷二，应国斌校注，湖南人民出版社，2011，第195页。
⑥ 〔清〕稽有庆修，魏湘纂《（同治）续修慈利县志》，清同治八年刊本。

钱，慈利兵荒交困，民多饿死。安乡自春徂秋无雨，禾尽枯，谷价二两一石，鬻妻子，转沟壑者不可数计，民尽徙湖坝，倚菱芡为命。时谣曰：'五月菱，饱杀人。'"康熙十八年（1679），澧水流域遭受大旱，"溪涧尽龟坼，米一斗，价四五钱。民无所得食，采野草度日，多饿死，殍尸满路"。①《（康熙）慈利县志》载："国朝顺治九年（1652）大旱，时兵荒交困，殍死甚重。康熙十八年大旱，兵荒交加，饿死者十之三。"②

天灾与战争交侵，对澧水流域人口的影响可想而知。虽然我们没有清初澧水流域的具体户口数字，但翻开康熙年间编写的《（康熙）安乡县志》，可以很直观地感受到其时这一地区人口锐减的规模。"安自明季兵燹之后，疾疫流行，田荒民逃，户口之数较前大减，至于军籍十无一二，间有存者，率零丁不堪应役，而僧道寄庄亦寥寥焉。"明朝后期的天启二年（1622），安乡有"户二千七百有二，口一万四千一百有七十"。③至三藩之乱发生前的康熙十一年，有"户二千有六十，口一万二百有八十"。④人口较之明末已有所减少，户数下降了约24%，口数减少了约27%。三藩之乱结束后，康熙二十一年，安乡有"户一千八十九，口三千二百六十八"。⑤较之康熙十一年，户口数分别下降了47%和68%。可见，三藩之乱对于安乡人口减少的影响可能更甚于明末的战乱。这大概也能反映当时整个澧水流域的人口减少状况。

三藩之乱平定后，清王朝进入了一个相对安定和平发展的历史时

---

① 〔清〕潘相原：《澧志举要校注》卷二，应国斌校注，湖南人民出版社，2011，第198页。
② 〔清〕叶琼纂修《（康熙）慈利县志》卷二《灾害》，康熙二十四年刻本。
③ 〔清〕王基巩：《（康熙）安乡县志》卷二《户口》，清康熙二十六年刻本。
④ 〔清〕张绰修，曾之亨纂《（乾隆）安乡县志》卷三《户口》，清光绪六年补刻本。
⑤ 〔清〕张绰修，曾之亨纂《（乾隆）安乡县志》卷三《户口》，清光绪六年补刻本。

期，也就是今人所熟知的康乾盛世，前后持续了将近一个半世纪，也成了清朝人口迅速恢复与增长的重要时期。澧水流域的人口数量也在这一背景下呈现上升趋势。不过除了人口的自然增长外，对于澧水流域人口增长更为重要的推动力量，可能还是外来移民的进入。一方面，经过明清之际战乱以及三藩之乱，澧水流域的人口数量锐减，处于土旷人稀的状态，为外来人口的进入创造了条件；另一方面，清政府采取鼓励垦荒之政策，有意识地推动人口由稠密之处向稀少之处迁徙，如清初著名的"湖广填四川""江西填湖广"等移民运动。又如严有禧《查垦滨湖荒土移详》称："至（康熙）三十六年（1697），襄汉大堤溃，北民南奔就食。始议安插湖旁，听其垦种。于闽、广、江西风闻胫走。"① 在朝廷垦荒政策的支持下，湖北、福建、江西、广东等地不少民众迁移至洞庭湖流域；另外，雍正时期进行的改土归流，让原先大片人烟稀少的山区地带向民众开放，吸引了大量流民进入。《（道光）直隶澧州志》载："自雍正十三年（1735）以来，由是常德、辰州、荆州等处流民竞集，或携资置产，或搭厂垦荒，逐队成群，前后接踵。"②

官府的鼓励推动与民间的自发移动相得益彰，由此进入澧水流域的人口当是颇具规模的。尽管我们没有确切的数据，但是可以从侧面来做一些观察。我们看到在《（同治）直隶澧州志》中记载有多处由外来移民建立的祠庙，如澧州城有"铁树宫，一名万寿宫，江西客民建"。安福县有"万寿宫，江右会馆，一在南关外，一在新安市"。又有"天后宫，在上胜街，闽商建"。石门县有"万寿宫，江右会馆，

---

① 〔清〕严有禧：《查垦滨湖荒土移详》，载〔清〕何玉棻、魏式曾修纂《（同治）直隶澧州志》卷二十《艺文志》，岳麓书社，2010，第555页。

② 〔清〕安佩莲修，孙祚泰、陈融观纂《（道光）直隶澧州志》卷四《风俗》，道光元年刻本。

一在县市，一在县东易家渡"。又有"万寿观，江西抚州会馆，在县市"。安乡县有"天后宫，县治南门外，闽省会馆"。永定县有"万寿宫，在河街，江西民建"。① 这些祠庙有些为江西、福建等地的商人所建，有些则为客民所建。毫无疑问，只有当这些外地商人、客民数量形成一定规模之后，才有可能将原先居住地的神灵信仰移植过来。另外，《（同治）续修慈利县志》"义塚"条载："一在城西永安渡南毛家山，江右客民置；一在县南红土坡路西曾家峪堰垮，江右客民置；一在县东胡家台，江右客民置。"② 慈利一县江西人所建之义塚就有三处，可见移民此处的江西人人数之众。根据学者研究，一方面因为自雍正以后的近百年间已经迁入并增殖了太多人口，差不多已到了无荒可垦的地步；另一方面政府也废除了有关垦荒的优惠政策，使得百姓失去了背井离乡垦荒的动力。③ 清朝前期向澧水流域移民的浪潮大致持续至嘉庆年间，自道光朝开始逐渐减缓。经过百余年的人口自然增长和移民进入，澧水流域的人口规模达到了怎样的程度呢？据《（同治）直隶澧州志》记载："（澧州）嘉庆二十五年（1820）户二十一万三千六百七十，口一百零四万五千九百二十。"④ 这一数字几乎已经与元朝至正二十七年（1367）户口数持平。

至清朝中后期，自然灾害成为影响澧水流域人口数量的主要因素。据《（同治）直隶澧州志》载："（道光）十七年（1837）丁酉，十八年戊戌，十九年己亥，二十年庚子，（安乡）皆大水，禾无收。"

---

① 〔清〕何玉棻、魏式曾修纂《（同治）直隶澧州志》卷十四《祠庙志》，岳麓书社，2010，第 392~402 页。
② 〔清〕稽有庆修，魏湘纂《（同治）续修慈利县志》，清同治八年刊本。
③ 薛栋：《清代澧水流域的移民垦殖对生态环境影响研究》，硕士学位论文，吉首大学，2014，第 14 页。
④ 〔清〕何玉棻、魏式曾修纂《（同治）直隶澧州志》卷五《食货志》，岳麓书社，2010，第 205 页。

"（道光）二十九年己酉，（澧州）春月久雨，夏奇荒，谷价腾贵，石谷价钱三千七八百文，人民死者无数。" "同治元年壬戌六月二十三日，大水。酉时，（澧州）西北城决二口，冲坏墙屋无数，溺死约千余人。"[1] 诸如此类的记载尚有很多。这些水旱灾害对于人口的影响是颇为显著的，这从安乡的例子中可以明显看到。嘉庆二十五年（1820），安乡共有户三万四千七百九十，口十五万九千三百八十。然而，至同治元年（1862），仅余户七千一百八十三，口三万四千三百四十八。造成如此剧烈的人口减少的原因何在呢？《（同治）直隶澧州志》解释称："道光庚寅后，迭遭大水，户口逃亡，土著之民仅存此数，其客民户共二百十七，口九百三十五。"[2] 严重的洪涝灾害，不仅直接造成了众多人口的死亡，更为严重的是导致了当地人口的大规模外逃。尽管缺乏资料，目前尚无法确切掌握清朝后期澧水流域人口流失的具体数字，但从安乡的例子中，大致可以看出在经过了清朝前期的人口稳步增长后，由于自然灾害的频发，清朝后期澧水流域开始由人口的迁入区转变为迁出区，人口规模应有相当的缩小。

二　澧水流域社会经济与商业市镇的发展

人口规模的变迁在很大程度上直接影响了社会经济的发展程度，唐宋以后，澧水流域的人口总体呈现增长的趋势，与之相应的是澧水流域社会经济的不断发展。当然，澧水流域社会经济的发展也离不开这里便利的水利条件。澧水的反复无常固然给这里的百姓带来了许多

---

[1] 〔清〕何玉棻、魏式曾修纂《（同治）直隶澧州志》卷十九《祥异志》，岳麓书社，2010，第535页。

[2] 〔清〕何玉棻、魏式曾修纂《（同治）直隶澧州志》卷五《食货志》，岳麓书社，2010，第206页。

灾难，但也养育了这里的人们，澧水是一条名副其实的母亲河。澧水及其支流构成了一张繁密的交通网络，澧水流域的主要城市如澧州、慈利、石门、安乡以及永定、九溪等无一例外都沿着澧水及其支流分布。不仅如此，围绕着澧水及其支流，还形成了许多大大小小的市镇。澧水如丝带一般将一个个城市、一个个乡村集镇联系为一个整体，促进了澧水流域人员、物资、商品等之间的沟通与交流，有力地推动了澧水流域社会经济的繁荣与发展。

（一）唐宋时期：社会经济的初步发展

唐以前澧水流域社会经济发展状况，由于资料欠缺，现在已经很难进行研究。不过从宋代的一些资料来看，此前澧水流域的社会经济发展程度应当是比较低的。在《宋会要辑稿》这部宋代的政书中，记载有北宋熙宁十年（1077）全国各地商税的数额，其中不仅记载了主要城市的商税数额，还包括各地重要市镇的商税数额，据此可以看到各地市镇经济的发展状况。其中有关澧水流域的情况记载：

> 澧州，旧在城及慈利、石门、安乡县四务，岁五千二百四十三贯。熙宁十年，在城七千八百四十五贯八百八十二文，石门县二千九百四贯一百二十四文，慈利县三千九百五贯一百七十七文，安乡县一千五百五十四贯二百一十一文。[①]

单纯据此段材料，可能看得不是很清楚，我们可以将之与毗邻的沅水流域比较来看。有关沅水流域的情况记载：

---

① 〔清〕徐松辑《宋会要辑稿》食货一六之一四，中华书局，1957，第5079页。

鼎州，旧在城及龙阳、桃源县，赵塘镇四务，岁七千二百九贯。熙宁十年，在城五千一百六十一贯五百四十五文，桃源县一千六百四十七贯八百九十二文，龙阳县一千三百二十一贯二百九十一文，高房市六百四十六贯四百九十三文。①

材料中所提到的"务"，乃是宋代为征收商税而设置的专门机构。《宋史》卷一百八十六《食货志》称："商税，凡州县皆置务，关镇亦或有之；大则专置官监临，小则令、佐兼领；诸州仍令都监、监押同掌。行者赍货，谓之'过税'，每千钱算二十；居者市鬻，谓之'住税'，每千钱算三十，大约如此。然无定制，其名物各随地宜而不一焉。"②宋代不仅在州县城市中设置商税务，而且会在"关镇"，也就是在州县城市之外比较大的市镇中设置商税务。因此，如果某个市镇设置有商税务，就可以确信该市镇是当地一个较为繁荣的商业中心所在。根据设置商税务市镇数量的多少就可以判断该地的社会经济发展水平。从鼎州的情况来看，鼎州在北宋前期，除了州城、龙阳县、桃源县设有商税务外，赵塘镇亦有商税务设置，表明赵塘镇是沅水流域一个重要的商业中心。至熙宁十年（1077），鼎州的情况发生了一些变化，除了州县城继续设有商税务外，之前的赵塘镇不再见诸记载，高房市则有了商税务的设置，③这似乎表明沅水流域的社会经济格局发生了一定的变化，赵塘镇因为某种原因逐渐衰落，高房市则崛起并取而代之。明晓了沅水流域的情况，我们再反观澧水流域，很明显看到，无论是在北宋前期，还是熙宁十年前后，澧州只有州城、慈

---

① 〔清〕徐松辑《宋会要辑稿》食货一六之一四，中华书局，1957，第5079页。

② 〔元〕脱脱等：《宋史》卷一百八十六《食货志》，中华书局，1977，第4541页。

③ "高房市"亦作"高吴市"，《宋会要辑稿》食货一九之一六《酒曲杂录》（第5131页）载："鼎州，旧在城及桃源、龙阳县、赵塘镇、高吴市五务。"这里的"高吴市"明显就是"高房市"，究竟孰是，待考。

利、安乡和石门等属县设有商税务，未见如沅水流域的赵塘镇、高房市这样的市镇出现，表明这一时期澧水流域的社会经济发展水平当落后于沅水流域。不过，从澧州主要城市的商税税额来看，由北宋前期的总计五千二百四十三贯，至熙宁十年的一万六千二百九十贯三百九十四文，增加了三倍多，表明这一时期澧水流域的社会经济还是得到了相当程度的发展。

（二）明清时期：商业市镇的崛起

澧水流域社会经济的迅速发展主要在明清时期，无论是州县城市还是各类市镇，皆得到了较为充分的发展。这种发展的主要原因在于，一方面自宋代以后，国家的经济重心发生南移，南方的广大地区得到了迅速开发，澧水流域亦不例外，尤其是在明清时期，这一趋势更为明显；另一方面，澧水流域的区位条件发生了显著变化，这主要得益于明清时期中央王朝对于西南边疆的经略，尤其是对贵州、云南等省份的设置。我们知道，在明清以前的很长历史时期中，今天云贵等广大西南地区皆为少数民族聚居之地，澧水流域是汉族地区与少数民族地区的过渡地带，带有较为浓烈的边疆色彩。随着明清云、贵等地改设行省，中央开始对这些地区实行直接管辖，澧水流域逐渐演变成内地进入西南的交通要道，此时的澧州已经成为："控蛮獠路，扼滇黔楚蜀之冲，为湖南西北要害。"[1] 这种区位条件的改变，自然会为澧水流域的开发带来便利。

澧州无疑是整个澧水流域最为重要的城市，既在地理区位上处于中心地位，也在社会经济发展上代表了澧水流域的最高水平。关于澧

---

① 〔清〕何玉棻、魏式曾修纂《（同治）直隶澧州志》卷二《舆地志》，岳麓书社，2010，第 111 页。

州的交通状况，清朝嘉庆年间的澧州官员安佩莲在《多安桥记》中言道：

> 　　澧水发源于桑植，至澧城西分而为三，一则绕郭东注至津市而三水合，复合涔、澹、道、茹、娄、渫诸水趋汇口入洞庭。绕东郭之南岸即古兰江驿，原济以舟，达驲所，出驲分两路，折而东者赴津市、安乡，直而南者为驲道，行四里许至宝塔湾，再渡黄沙河而通海汊铺，赴清化，入常德，达滇黔。此水实南北要津。[①]

澧水自西北向东南绕澧州州城而过，汇入洞庭湖，将澧州州城与上游的慈利、石门，以及下游的安乡等地连接了起来。同时，澧州州城亦为南北驿道所经之地。在州城东门附近设置有兰江驿，自兰江驿至驲分为两路，向东与津市、安乡相连，向南行则至清化驿，进入常德境内，进而连通贵州、云南等地。实际上，在兰江驿往北六十里，还设置有顺林驿，可达湖北境内。顺林、兰江、清化三个驿站构成了一条以澧州州城为中心的南北走向的交通干线，这是沟通内地与滇黔大通道的一部分。安佩莲所描绘的固然是清朝时期的情况，但明朝时亦大致类似。这样一种地理区位格局，决定了澧州成为澧水流域乃至整个湘西北地区的中心城市，正如何玉棻《续修多安桥记》所称："澧城外众水交错，形胜关焉。而地当南北两省之交，驿道所经，公车使传，及商贾负贩之往来，络绎不绝。"[②]《（同治）直隶澧州志》亦概

---

① 〔清〕安佩莲：《多安桥记》，载〔清〕何玉棻、魏式曾修纂《（同治）直隶澧州志》卷二十二《艺文志》，岳麓书社，2010，第614页。

② 〔清〕何玉棻：《续修多安桥记》，载〔清〕何玉棻、魏式曾修纂《（同治）直隶澧州志》卷二十二《艺文志》，岳麓书社，2010，第617～618页。

括言道："澧接黔蜀，达荆襄，通吴会，四方之所萃，百货之所走，亦南楚都会也。"①

澧州社会经济在明清时期的发展，最为突出的特征就是市镇的大量出现。由于澧水的众多支流在澧州州城前后汇聚，在这些支流与澧水干流的交汇之处，往往会因为交通的便利而形成大小不一的市镇。其重要者，如嘉山镇、涔河市、道源市、佘市、津市等。

1. 嘉山镇

明朝时期，澧州市镇中最有代表性的当属嘉山镇。明廷在这里设置有巡检司。明清时期，通常只有在府县城之外的交通要津，以及人烟繁密、商业发达的地方，方会驻有巡检司或者县丞、厅同知甚至府、州通判等官员。《大明会典》："洪武二十六年（1393），定凡天下要冲去处，设立巡检司，专一盘诘往来奸细，及贩卖私盐犯人逃军逃囚无引面生可疑之人，须要常加提督。"② 嘉山镇既设有巡检司，可见其必为一人烟繁盛的商业中心。嘉山镇之设巡检司，在明英宗正统十四年（1449），表明其发展兴盛当在明朝中前期。嘉山镇究竟位于何处呢？据《（嘉庆）大清一统志》载："嘉山镇，在（澧）州东三十里，旧有巡司，今裁。"③ 是则嘉山镇位于澧州州城东面三十里之处的澧水下游地区。这里是自澧州至安乡以及常德等地的交通要道。《（隆庆）岳州府志》记载有明朝澧州地区的驿站线路，"澧州水马驿：一曰兰江……马驿二曰：清化（州南六十里）……顺林（州北六十里）……铺二十七曰：州前、仁和、津市、嘉山、张师窖、会口（东安乡县路）……"④ 嘉山亦是自州城至安乡路线上的交通节点之

---

① 〔清〕何玉棻、魏式曾修纂《（同治）直隶澧州志》卷二《舆地志》，岳麓书社，2010，第132页。

② 〔明〕申时行：《大明会典》卷一百三十九，明万历内府刻本。

③ 〔清〕穆彰阿：《（嘉庆）大清一统志》卷三百七十四，《四部丛刊续编》影旧抄本。

④ 〔明〕钟崇文：《（隆庆）岳州府志》卷十，明隆庆刻本。

一，故设置有驿铺。明神宗万历年间，出身湖北公安的著名学者袁中道曾多次往来澧州、常德等地游览，在《游居柿录》载："二十四日，将（自澧州州城）取道鼎州，走衡岳。烟雨中，发舟下滩，甚迅疾，抵津市，望彰观山如画。雨中次嘉山，江渐阔。从嘉山发，风顺，挂帆若飞。"① 袁中道自澧州乘船赴鼎州即今天的常德地区游览，自州城出发，顺澧水东下，即须经过嘉山，并在此停歇，表明这里乃是澧水干流上的一个重要渡口，其得以形成繁荣市镇当亦渊源于此。嘉山镇所在的嘉山同时也是一处风景名胜所在，著名的孟姜女传说亦在此地流传，明代澧州著名官员李如圭就撰有《嘉山孟姜女祠》②。自明至清嘉山上一直有祭祀孟姜女的祠庙，《（同治）直隶澧州志》记载："贞烈祠，在（澧）州东二里，祠秦孟姜女。明嘉靖时知州汪倬、巡抚林大辂命增修，匾其祠曰'贞烈'，堂曰'百炼'，尚书李如圭有记。兵变毁，今存者嘉山上望夫台庙，二进六间。州民不时朝谒，每岁春、秋二仲，官亲致祭。"③

2. 涔河市

涔河市位于距离澧州州城五十五里的涔河上游，为涔河上游的一个重要渡口，正当自湖北至西南滇黔等地官道上，与顺林驿接近。安佩莲在《重修涔河桥记》中言道："涔河出顺林驿七里，亦荆常云贵往来要津也。"④《（隆庆）岳州府志》记载有澧州至湖北公安的沿途驿铺："高路、五马、停贤、合口、新店、湘堰、合同、涔河、顺林、

① 〔明〕袁中道：《珂雪斋集》外集卷八《游居柿录》，载《续修四库全书》第1376册，上海古籍出版社，2002，第311页。
② 〔明〕李如圭：《嘉山孟姜女祠》，载〔清〕何玉棻、魏式曾修纂《（同治）直隶澧州志》卷二十五，岳麓书社，2010，第676～677页。
③ 〔清〕何玉棻、魏式曾修纂《（同治）直隶澧州志》卷十四《祠庙志》，岳麓书社，2010，第385页。
④ 〔清〕安佩莲：《重修涔河桥记》，载〔清〕何玉棻、魏式曾修纂《（同治）直隶澧州志》卷二十二《艺文志》，岳麓书社，2010，第615页。

杉林、官山。"① 其中就有涔河铺。正是这样的位置，决定了涔河逐渐成长为重要的市镇。可能早在元代的时候，这里就比较繁华。元人宋褧撰有《寄题涔河石桥》一诗："湾水溶溶漾碧虚，白虹高偃接云衢。深春曲岸栽杨柳，落日□□含毫士，莫画寒江待渡图。"在题记中他言道："河在澧州北四十里，实往来孔道。州人谢氏叠石作桥，壮丽宏阔。予自延祐以来，凡八过其上，慨念行役之苦，为之惘然。"② 宋褧作为官员经常往来奔波于途经澧州的这条官道上，前后八次经过涔河，此前这里没有修筑桥梁，故每每需要等待渡船，饱经艰辛。后来有谢氏家族在此修筑了涔河桥，为来往旅人提供了很大的便利。修桥的谢氏乃是宋元之际澧州本地的大族，宋褧在《西潭谢君（安富）墓碣铭有序》中对谢氏修桥有所记载："君既不仕，敦本力田，赀用浸饶。作石桥三，曰瀁溪，曰顺林驿，独涔河当驿道，未桥，而君疾，捐谷万石，属诸子曰：'必成之。'既成，玺书赐名通济。民歌之曰：'水啮我足，谢君出粟。伐石为桥，我行逍遥。'"③ 该桥自元至清代，屡屡得到修复，清代安佩莲《重修涔河桥记》称："宋时澧人谢某初建板桥，相沿至国朝康熙间，递有修复，率于春夏水泛时济以舟，秋冬仍葺桥，皆不免病涉。"④ 故又集资修建了更为坚固的涔河桥。涔河桥历经数百年不断被修复的历史表明，这里一直是南北交通的咽喉要道，这也就决定了涔河市商业发展的经久不衰。清朝《（嘉庆）大清一统志》中仍旧有涔河市的记载。⑤

---

① 〔明〕钟崇文：《（隆庆）岳州府志》卷十，明隆庆刻本。
② 〔元〕宋褧：《燕石集》卷六《寄题涔河石桥》，载《景印文渊阁四库全书》第 1212 册，台湾商务印书馆，1983，第 411 页。
③ 〔元〕宋褧：《燕石集》卷十四《西潭谢君（安富）墓碣铭有序》，载《景印文渊阁四库全书》第 1212 册，台湾商务印书馆，1983，第 500~501 页。
④ 〔清〕安佩莲：《重修涔河桥记》，载〔清〕何玉棻、魏式曾修纂《（同治）直隶澧州志》卷二十二《艺文志》，岳麓书社，2010，第 615 页。
⑤ 〔清〕穆彰阿：《（嘉庆）大清一统志》卷三百七十四，《四部丛刊续编》影旧抄本。

3. 道源市

道源市，位于澧州州城西南七十里的澧水支流道水之上，《（嘉庆）大清一统志》记载："道源桥，在（澧）州西南，为□、澧往来之津，宋宝庆中创建，至顺中改建。"[①] 此道源桥当在道源市，这里缺失之字当为"常"字，位于澧州西南方的主要州郡即为常德，道源桥当即位于澧州至常德的交通线路之上的重要渡口，故成为南来北往人烟聚集之处。

4. 佘市

佘市与道源市同样位于澧州州城西南七十里，亦位于道水上，道水"源发慈利之五雷山，由石门牛角峐、白杨湖入（安福）县境，经佘氏桥，曲折汇于县之裴家河"。这里的佘氏桥当即位于佘市。清朝顺治年间，佘氏桥建成，碣曼硕为此撰写了《佘市桥记》一文，其中记载道："澧州西南七十五里有镇曰佘市，市之南有溪曰道溪，溪之南有山曰浮山。……溪之源发于石门、慈利二县，东西泉曲折漫衍而东流百里，与诸山峒岩谷之水合于道溪，又东入澧。溪为常、澧二州往来之津，春夏淫雨，则溪水蜂洞无涯，过者病涉。旧以浮渡，又曰佘渡。盖市以佘姓，而渡亦因焉。……刘君慨然曰：'吾居此数世，见溪水病斯桥，而桥又病斯民，卒无瘳也。苟一日二日无桥，往来者咨嗟，两岸有千万人弗济焉。鬻薪者不至于市，数十家弗食焉。里居者受责于官，有百余家弗宁焉。'"[②] 佘市之南有道溪和浮山，其中道溪乃澧水支流，诸山峒岩谷之水在佘市附近汇入道溪，而后共同注入澧水。浮山则当是太浮山，《（同治）直隶澧州志》载："太浮山，在（安福）县西南五十里，临道水上，一名独浮山，跨石门、桃源、武

---

① 〔清〕穆彰阿：《（嘉庆）大清一统志》卷三百七十四，《四部丛刊续编》影旧抄本。

② 〔清〕碣曼硕：《佘市桥记》，载〔清〕何玉棻、魏式曾修纂《（同治）直隶澧州志》卷二十二，岳麓书社，2010，第604页。

陵暨安福四县界。"① 石门、安福为澧州属县，桃源、武陵则隶属常德，是则太浮山乃介于澧州与常德之间，这种地理位置就决定了佘市乃是"常、澧二州往来之津"，自然会形成较为繁华的商业市镇。文中刘君称"苟一日二日无桥，往来者咨嗟，两岸有千万人弗济焉"，表明这里确实为往来之要津，每天都有众多的往来旅客途经此地。又称"鬻薪者不至于市，数十家弗食焉"，表明这里有数十户人家皆依靠卖柴来获得收入，可以设想这些人当是从事商业等活动的百姓，而非普通从事农业生产之百姓。又称"里居者受责于官，有百余家弗宁焉"，表明居住在佘市的人户当超过一百家，因为无桥可用，他们势必会被官府作为民夫征调，以从事行船等事务，从而令他们难以安居。这些都表明佘市在当时澧州地区所占据的重要位置，以及其繁华程度。

5. 津市

津市大概是明清时期澧州地区最为繁荣，也最具代表性的商业市镇，在某种程度上甚至可以视作澧水流域的商业中心。在有些史料记载中，将津市与前面提到的嘉山镇混为一谈，如《（光绪）湖南通志》称："嘉山镇，一名津市镇，在州东，为水陆要津，百货云集。明置巡司，今裁。澧州有嘉山镇巡检司。"② 从前面讨论嘉山镇时候引用的袁中道游记等材料可知，津市与嘉山确实皆位于澧州州东，且相毗邻，地理位置十分接近，但两者绝非同一个市镇。嘉山镇在明朝时期颇为兴盛，设置有巡检司等机构，不过津市在当时也逐渐得到了发展，万历三十七年，袁中道在游览澧州时，途经津市，其时津市"已是千户之聚"，城镇规模逐渐赶上甚至超过了嘉

---

① 〔清〕何玉棻、魏式曾修纂《（同治）直隶澧州志》卷三《舆地志》，岳麓书社，2010，第148页。
② 〔清〕曾国荃：《（光绪）湖南通志》卷三十一，清光绪十一年刻本。

山镇。津市与嘉山镇地位的更迭，从巡检司机构的转移即可明显看出。

《（同治）直隶澧州志》记载：

> 津市：州东二十里，前滨大河，后枕湖，街长七里，□直街三条，中为正街，后为后街，前为河街。……前则统名河街。（原注：舳舻蚁集，商贾云臻，连阁千重，炊烟万户，但人杂事繁，奸匪易藏，颇称难治。自雍正十一年，移嘉山巡检驻此，乾隆三十一年，移州判驻，移巡检司驻南水渡。）①

津市距离澧州州城二十里，其所滨之大河即澧水。同时，作为长江分洪道的虎渡河亦在此汇入澧水。如此一来，津市就可通过虎渡河与长江相连，又可以通过澧水连接洞庭湖。这种区位条件使得津市成为澧州地区水陆交通的咽喉要地。清代士人钱澄之有诗云："津市帆樯集，千家烟火浮。一堤遮汉水，万里接江流。生活争鱼利，逢迎有客舟。洞庭门外水，容易往来游。"② 所反映的就是津市水陆交通的便利以及由此带来的人烟繁盛。

正因为这种人烟繁盛带来的鱼龙混杂，使得这里颇为难以治理，至雍正十一年（1733），清朝朝廷将原先驻扎在嘉山镇的巡检司移驻津市，这标志着津市取代了此前嘉山镇的地位。至乾隆三十一年（1766），又派遣澧州州判常驻津市，州判作为澧州的副长官，其地位较之巡检司更为尊崇，这些都可以看出津市地位的进一步提升。津市虽为澧州下属一市镇，但已俨然成为澧水流域的商业贸易中心。《（嘉

① 〔清〕何玉棻、魏式曾修纂《（同治）直隶澧州志》卷二《舆地志》，岳麓书社，2010，第133页。
② 〔清〕钱澄之：《田间诗文集》卷二十六《同龚千谷金宪过湖即事》，清康熙刻本。

庆）石门县志》载："邑近山僻，无富商大贾，城市肆店贸易，多江右人。□盐铁杂货，多取给于津市。南乡出谷，县城多仰给焉。道溪板船，装送津市，每石较他处取值有加，谓之道溪谷，以米好也。"①对于石门县来说，无论是盐铁杂货的获取，还是所产出稻米的销售，皆仰赖于津市，而非澧州州城等地。于国义《道水谣》亦言道："道山青兮道水绿，五里一湾十里曲。道田肥美生嘉谷，浮岭雾多膏雨足。秋来谷船遥相望，沿河竞认道口装。道之船兮号板子，十只五只送津市。津人时望板子来，遗我玉粒是此水。"②于国义以文学化的语言描绘了石门稻米赶赴津市销售的热烈景象。到清朝中后期，津市日趋繁荣，前引《（同治）直隶澧州志》中所描绘的"舳舻蚁集，商贾云臻，连阁千重，炊烟万户"景象，所反映的就是清代中后期的情形，此时这里已成为"商人营业辐辏之区"。及至清朝末年，鄂西南和湘西山货、滨湖水产频频在此集散，导致城市发育倾斜于流通领域，津市遂成为湘鄂边境和澧水流域的中心商埠。

当然，澧水流域在明清时期兴起的市镇绝不止上文所列的几个，在慈利、安乡、石门等属县还有许许多多大大小小的市镇出现，但是一方面上面所述的市镇基本从明朝甚至更早的时期便已兴起，直至清末依旧保持了繁荣的局面，尤其是嘉山、津市等市镇更是代表了澧水流域市镇发展的最高水平。因此，对这些市镇的考察已足以反映澧水流域市镇经济发展的面貌与水准。另一方面，这些市镇与其他诸多市镇有着明显的共同特征，即基本皆位于澧水及其支流之上，位于这些交通线路的节点上，便利的水陆交通构成了它们兴起繁荣的最重要条件。通过上面的考察，我们大致可以看出，从宋代

---

① 〔清〕苏益馨修，梅峄纂《（嘉庆）石门县志》卷十八，清嘉庆二十三年刊本。
② 〔清〕苏益馨修，梅峄纂《（嘉庆）石门县志》卷四十九，清嘉庆二十三年刊本。

时期澧水流域基本看不到有影响力的市镇出现，到明清时期以津市为代表的市镇的大量涌现，标志着澧水流域的社会经济获得了飞跃式发展。这种发展既依托于澧水流域本身的水利条件，同时也与全国经济重心的南移，以及澧水流域在全国地理格局中地位的变化等重大历史变迁密切相关。

‖ 第六章 ‖

澧水流域的民间信仰与地域文化特色

　　著名历史地理学者周振鹤在《秦汉风俗地理区划浅议》一文中指出，风俗与语言可以作为考察中国地域文化差异的两项重要指标："一般而言，最能体现文化差异的是语言和宗教两项。语言的认同甚至于方言的认同往往就是文化的认同，而宗教的不同有时也就直接表明文化的差异。但在中国，情况稍有不同。中国人的宗教观念淡薄，信仰与宗教分离，虽名义上可宗耶宗释，但信仰却在儒在道，并行不悖而不为人所嗔怪。所以就国家宗教而言，中国并无太多的地域差异，只有民间信仰可分清此地与彼地的不同，而民间信仰基本上并不属于宗教的范畴，而应纳入风俗的领域。风俗的范围很大，举凡风气习尚、婚丧礼仪、迷信淫祀、民歌俗谚无不在其中，而在这些方面中国人的地域差异是极其显著的，常言所谓'十里不同风，百里不同俗'，说的就是这种千差万别的现象。也因此，在中国，风俗可与语言一道作为地域文化差异研究的两项重要标志。"[①] 因此，探讨一个区域的文化相对于其他区域的独特性，主要可以从风俗与语言两个角度入手。

---

　　① 周振鹤：《秦汉风俗地理区划浅议》，载中国地理学会历史地理专业委员会《历史地理》编辑委员会编《历史地理》第 13 辑，上海人民出版社，1996，第 55 页。

就澧水流域来说，由于缺乏这一区域历史上语言变化的翔实资料，很难对其做深入考察。同时，由于风俗所涵盖的范围十分广泛，而且相关记载比较缺乏，我们很难做全面论述。不过，澧水流域在先秦时期隶属于楚国，楚文化的一个突出的特点就是巫风盛行、淫祀众多。《汉书》卷二十八下《地理志》记载楚地风俗为："信巫鬼，重淫祀。"① 《隋书》卷三十一《地理志》称："大抵荆州率敬鬼，尤重祠祀之事。"② 这种风气必然影响澧水流域，《（隆庆）岳州府志》称慈利县："人性悍直，俗梗朴，力农务桑，信巫尚鬼，刀耕火种为业。"大庸千户所："俗又信鬼，刺肤血以事关神者，千百成群。"③ 《（同治）直隶澧州志》称澧州："至于信巫尚鬼，虽沿屈宋之余氛，全楚亦惟届苗疆者稍存旧习。"④ 是则直至清朝，在澧水流域的部分地区依旧存在"信巫尚鬼"的风气。这种风气的长期延续，突出地体现为各种民间祠庙的普遍存在。

一　屈宋遗风影响下的楚国人物崇拜及其特征

历史上，澧水流域曾长期为楚国统治，秦昭襄王时秦军攻陷楚国都城郢都，不少楚人选择就近南迁至"江南"，即包括澧水流域的洞庭湖区域，将这里变成了抵抗秦军的重要基地。也由此，楚国的统治成为澧水流域民众重要的历史文化记忆。尽管楚国早已覆灭，但在澧水流域依旧存在不少与楚国人物相关的祠庙。

---

① 〔东汉〕班固：《汉书》卷二十八下《地理志》，〔唐〕颜师古注，中华书局，1962，第1666页。
② 〔唐〕魏征、令狐德棻：《隋书》卷三十一《地理志》，中华书局，1973，第897页。
③ 〔明〕钟崇文：《（隆庆）岳州府志》卷七，明隆庆刻本。
④ 〔清〕何玉棻、魏式曾修纂《（同治）直隶澧州志》卷四《舆地志》，岳麓书社，2010，第203页。

（一）化入民俗传千古的屈原崇拜

楚国在后世最具影响之人莫过于屈原，屈原因进谏楚王遭谗毁而被流放至沅湘地区，最终自沉于汨罗江。作为伟大的浪漫主义诗人，他留下了许多著名的诗篇，其中就不乏对澧水流域的描绘，《九歌·湘夫人》中就有"沅有芷兮澧有兰，思公子兮未敢言。荒忽兮远望，观流水兮潺湲"的优秀诗句。屈原的才华横溢及悲情结局，博得了后人无限之同情，尤其是楚国所在之区域。不过，或许由于历史记载的缺失，或者由于屈原当年流放之处主要在沅湘等地，澧水流域用以纪念屈原的祠庙并不多见。就笔者掌握的材料，仅见到明代建立的忠清祠。《〈澧纪〉校注》载："忠清祠，在州东北二里。嘉靖甲午（1534），知县汪倬建。祀楚三闾大夫屈原，以宋玉配。春、秋祀。"①而这座祠庙可能在明代后期就已经荒废了。《（同治）直隶澧州志》载："忠清祠，祀明礼部尚书四川内江县刘瑞，久废。"刘瑞曾寓居澧州，故为澧人所纪念，其祠之建当在明代，既然亦名为忠清祠，则表明其时供奉屈原之忠清祠必然已经荒废。《（同治）直隶澧州志》又载："（澧州）三闾大夫祠，在溪东，今废。"②所指的应该就是明代所建之忠清祠。

不过，这并不意味着澧水流域没有受到屈原之影响，只是这种影响主要并未体现在祠庙的建设上，而更多地融入了当地的文化习俗，即著名的龙舟竞渡传统。《隋书》卷三十一《地理志》载："大抵荆州率敬鬼，尤重祠祀之事，昔屈原为制《九歌》，盖由此也。屈原以五月望日赴汨罗，土人追到洞庭不见，湖大船小，莫得济者，乃歌

① 高守泉校注《〈澧纪〉校注》卷九，名家出版社，2010，第373页。
② 〔清〕何玉棻、魏式曾修纂《（同治）直隶澧州志》卷十四《祠庙志》，岳麓书社，2010，第385页。

曰：'何由得渡湖！'因尔鼓棹争归，竞会亭上，习以相传，为竞渡之戏。其迅楫齐驰，棹歌乱响，喧振水陆，观者如云，诸郡率然，而南郡、襄阳尤甚。"① 是则这种为纪念屈原而举行的竞渡之戏，在包括澧水流域在内的荆州地区普遍流行。至宋代，这种习俗依旧相沿不改，宋人庄绰《鸡肋编》载："湖北以五月望日谓之大端午，泛舟竞渡，逐村之人各为一舟，各雇一人凶悍者于船首执旗，身挂楮钱，或争驶殴击，有致死者，则此人甘斗杀之刑，故官司特加禁焉。"② 宋代的湖北就包括澧水流域。这些都还只是从一个大的区域范围来说，具体到澧水流域，亦可以找到相关证据。《（万历）慈利县志》卷六《岁时》称慈利县："五月端午，邑人划龙舟，飞旗伐鼓，交奖（桨）星驰，谓之竞渡，又谓之救屈原。"③《（同治）续修慈利县志》亦载："端午日，悬蒲艾于门庭，或作人虎状，……扎龙舟，鸣金鼓，爆竹喧阗，往来竞渡。"④《（康熙）安乡县志》卷二称安乡县："端午，竞龙舟，悬艾户，裹角黍，泛蒲觞。"⑤

从龙舟竞渡的千年传承来看，屈原对于澧水流域的影响还是十分深远的，但为何这里未出现大量的屈原祠庙呢？笔者认为，主要原因当在于，民众自始至终都只是将屈原看作一个值得尊敬的历史人物，而未对其加以神化，让其幻化成一种能够祈福禳灾的神灵信仰。这也是其他楚国人物的共同遭遇。

（二）生死之间见忠孝的申鸣信仰

申鸣，相传本为出身澧水流域的一位楚国大臣，其最为突出的品

---

① 〔唐〕魏征、令狐德棻：《隋书》卷三十一《地理志》，中华书局，1973，第897页。
② 〔宋〕庄绰：《鸡肋编》卷上，萧鲁阳点校，中华书局，1983，第20页。
③ 〔明〕陈光前：《（万历）慈利县志》卷六《岁时》，明万历刻本。
④ 〔清〕稽有庆修，魏湘纂《（同治）续修慈利县志》，清同治八年刊本。
⑤ 〔清〕王基巩：《（康熙）安乡县志》卷二，清康熙二十六年刻本。

质体现为"忠"与"孝"。有关申鸣的记载，最早出现在汉代刘向的《说苑》中，该书记载，"楚有士申鸣者，在家而养其父，孝闻于楚国。王欲授之相，申鸣辞不受，其父曰：'王欲相汝，汝何不受乎？'申鸣对曰：'舍父之孝子而为王之忠臣，何也？'其父曰：'使有禄于国，立义于庭，汝乐，吾无忧矣。吾欲汝之相也。'申鸣曰：'诺。'遂入朝，楚王因授之相。居三年，白公为乱，杀司马子期，申鸣将往死之，父止之曰：'弃父而死，其可乎？'申鸣曰：'闻夫仕者，身归于君，而禄归于亲。今既去子事君，得无死其难乎？'遂辞而往，因以兵围之，白公谓石乞曰：'申鸣者，天下之勇士也，今以兵围我，吾为之奈何？'石乞曰：'申鸣者，天下之孝子也，往劫其父以兵，申鸣闻之必来，因与之语。'白公曰：'善。'则往取其父，持之以兵，告申鸣曰：'子与吾，吾与子分楚国；子不与吾，子父则死矣。'申鸣流涕而应之曰：'始吾父之孝子也，今吾君之忠臣也。吾闻之也，食其食者死其事，受其禄者毕其能。今吾已不得为父之孝子矣，乃君之忠臣也，吾何得以全身？'援枹鼓之，遂杀白公，其父亦死。王赏之金百斤。申鸣曰：'食君之食，避君之难，非忠臣也。定君之国，杀臣之父，非孝子也。名不可两立，行不可两全也。如是而生，何面目立于天下？'遂自杀也"。[①] 是则，申鸣曾一度担任楚国国相，恰逢白公之乱，面临忠孝不能两全的困境。最终他以牺牲父亲兑现了对君主的忠诚，事后又以死兑现了对父之孝道。可以说，申鸣是一个充满了悲情的人物。澧水流域留存有申鸣城，《明一统志》："申鸣城，在澧州南六十里。申鸣，楚大夫也。"[②] 建有祠庙供奉，《（嘉庆）大清一

---

① 〔汉〕刘向：《说苑》卷四，四部丛刊初编本，上海书店，1985。
② 〔明〕李贤等：《明一统志》卷六十二，载《景印文渊阁四库全书》第 473 册，台湾商务印书馆，1983，第 314 页。

统志》："申鸣大夫祠，在（澧）州南六十里申鸣城，祀楚大夫申鸣。"① 申鸣的既忠且孝，十分符合儒家的忠孝价值理念，故澧水流域儒家士人对其推崇有加，明代官方就建有申鸣祠，《〈澧纪〉校注》："忠孝祠，在州西三十里寿光寺内，旧祀春秋楚相申鸣。正德丙子（1516），知州叶士美、岳州府推官王禄重建。"明代澧州的著名官员李如圭特意为其撰写了《忠孝祠记》。②

（三）争议声中逐渐消逝的伍子胥祭祀

如果说申鸣因为其践行的忠孝价值观念符合儒家的传统而直至明代仍旧被官方所推崇的话，伍子胥则恰恰因为在这两个方面的争议而早早地被抛出了祭祀的行列。伍子胥是国人所熟知的历史人物，其本为楚人，因父兄为楚王所屈杀，独自逃亡吴国，终借吴国之力量，鞭楚王之尸以雪耻，几乎灭亡楚国。这样一个人物，在唐朝以前的澧水流域，似乎亦得到了祭祀。然而，在唐末五代重修伍子胥庙的过程中，就已经产生了不小的争议。唐朝后期被贬官澧州的诗人李善夷撰写有《重修伍员庙》一文，文章首先记述了伍子胥庙在此前的状况，称："伍相公员也，庙在澧江之渚，自为寇之扰，为兵火所焚，为野火所燎，为风雨所坏，为江浪所侵，垂二十年，向为墟矣。"③ 可见，原先的伍子胥庙位于澧水岸边，由于唐末的战乱，再加上自然灾害的原因，已成为废墟。针对这种情况，澧州太守意图重修此庙，却在当地民众中产生了争议，"里人曰：'不可。员，楚之仇也，鞭我死君，其过也甚。'又曰：'员孝于父者，其庙废之，则无以旌其孝，建之，则无以劝其忠'"。争议的双方各自站在忠与孝的角度来进行辩论，一

---

① 〔清〕穆彰阿：《（嘉庆）大清一统志》卷三百七十四，《四部丛刊续编》影旧抄本。
② 高守泉校注《〈澧纪〉校注》卷九，名家出版社，2010，第 379 页。
③ 〔唐〕李善夷：《重修伍员庙》，载〔清〕董诰辑《全唐文》卷八百二十九，清嘉庆内府刻本。

方认为伍子胥鞭楚王之尸，实为楚国之仇，不当获得祭祀；另一方则认为伍子胥历尽艰难为父复仇，可谓至孝，应当获得祭祀。双方各执一词，皆言之成理。太守对此亦莫衷一是，转而向李善夷求助。李善夷认为："太守不知，伍员非不忠于君者。楚平王，非员之君也。《书》曰：普天之下，莫非王土。率土之滨，莫非王臣。楚之君，即非天子也。当平王之时，君上乃周景王也，楚子实天子之臣，员即楚之陪臣。吴、楚之君乃五等封，以其国迫近蛮夷，地虽广，不得为侯伯，而为子男，故仲尼修《春秋》，吴越楚虽大而不称王，止称吴子、越子、楚子而已。王乃彼之自僭，则欺天。欺天则安得其下不逆？夫覆载之内，天子为君上，固不可异二。诸侯赐弓矢然后征，赐斧钺然后杀。楚子诸子，观兵灭国，无代无之。子胥，周之臣也，君在上，不欺天者忠也，复父仇者孝也。忠孝既备，安得无馨香之祀乎？"① 李善夷借助春秋战国天下皆名义上隶属于周天子的原则，通过否定楚王为伍子胥之君，从而否定了对伍子胥不忠的指控。李善夷的言论为太守重修伍子胥庙的行为找到了合理的依据，伍子胥庙因此得以重建。但是李善夷的解释恐怕难逃强词夺理之嫌，伍子胥所为之争议亦未因此而消散。从澧水流域民众的质疑声中，就可以看出伍子胥在此处的影响力可能并不突出。因此，唐朝以后并未再见到澧水流域有关伍子胥庙的记载。《〈澧纪〉校注》亦明确称："伍员庙，今废。"②

综上可见，无论是屈原、申鸣，还是伍子胥，这些楚国人物在澧水流域皆曾不同程度地得到了后世纪念，但除了屈原因融入了传统民俗而一直得到后人怀念外，其他人物的影响力都不是很大，尤其是伍子胥，更因为其本身的争议性，很早就退出了被祭祀的行列。这在某种程度上

① 〔唐〕李善夷：《重修伍员庙》，载〔清〕董诰辑《全唐文》卷八百二十九，清嘉庆内府刻本。
② 高守泉校注《〈澧纪〉校注》卷九，名家出版社，2010，第386页。

也意味着澧水流域虽然曾经因作为楚国属地而深受楚文化影响，但随着楚国的覆亡，外来移民的进入，中原文化的浸染，楚文化的遗产逐渐被稀释。随着申鸣等楚国先贤渐行渐远逐渐淡出人们的记忆，在澧水流域产生深远影响的是另外一些具有神灵性质的祠庙信仰。

二　遍布境内的水神信仰

一个地区民众崇拜什么样的神灵，往往与该地的历史文化传统、地理环境特征等因素联系在一起。澧水流域河流纵横、水旱灾害频发的地理特征，深刻影响了当地百姓的精神信仰，其中最为典型的即对龙王等水神的虔诚崇拜。

（一）山环水绕催生出水神崇拜

澧州地区的西、北、南三面皆为高山丘陵，东南方则为滨湖平原，澧州的州城，大致就处于两种地形的交汇之处，澧水及其众多的支流，多在州城以及东部的安乡县聚合，流入洞庭湖。这种特殊的地理形势，使澧州地区的自然灾害呈现地域化的特点，西部山区虽降水丰沛，但蓄水较为困难，容易发生旱灾，东南平原则地势低下，水势汇聚，难以排泄，极易发生洪涝。魏式曾称："澧之地形襟江带湖，西南多山，苦旱干，东北汇泽，忧水溢。"① 又称："澧滨洞庭之西，素称沃土。然卑者多涅，雨久既防其溢。高者则平沙极目，晴久又虑其干。"② 《（同治）直隶澧州志》中说得更为清楚："澧为直隶州，所

---

① 〔清〕魏式曾：《复建龙神祠记》，载〔清〕何玉棻、魏式曾修纂《（同治）直隶澧州志》卷二十二《艺文志》，岳麓书社，2010，第 626 页。
② 〔清〕魏式曾：《重修关山龙神庙记》，载〔清〕何玉棻、魏式曾修纂《（同治）直隶澧州志》卷二十二《艺文志》，岳麓书社，2010，第 621 页。

辖五县，安乡则泽国，余四县皆山也。州居山水之间，西北万峰矗起，东南一派汪洋。时和年丰，固不乏山泽之利；偶遇阳伏阴愆，西北土赤，东南民鱼矣。"① 这种频繁发生的水旱灾害，很多时候对民众的生命财产造成的影响是十分巨大的。如明宣德三年（1428）夏五月，石门、慈利大水，"龙出麻寮山，水溢山崩，漂居民畜产几尽。平地潴为潭，舟行树梢，旬日乃平"。② 清顺治九年（1652）澧水流域大旱，"兵荒交困，斗米千钱，鬻妻子，转沟壑，饿死十之三，或徙湖堧，倚菱芡为命"。③ 康熙十八年（1679）大旱，"溪涧尽龟坼，米一斗，价四五钱。民无所得食，采野草度日，多饿死，殍尸满路"。④ 雍正五年（1727），安乡大水"较（雍正）四年更大一尺，四乡仅余数冈岭。水浸县署，各官皆舟居"。⑤

在传统王朝时期，受制于特定的科技发展水平和社会经济条件，民众抵御自然灾害的能力是十分有限的，在这种情况下，他们更多的将得到拯救的希望寄托在虚无缥缈的神灵之上。面对大旱，澧州的百姓只能让一群群巫师在古庙前舞蹈，以求天降甘霖。

（二）水神祠庙的星罗棋布

在中国民间的传统信仰中，能够兴云布雨的主要神灵无疑首推龙王。因此，龙王信仰在全国各地普遍兴起，深受水旱灾害之苦的澧水流域亦不例外。澧水流域的民众很早就在水旱灾害与龙王之间建立起

---

① 〔清〕何玉棻、魏式曾修纂《（同治）直隶澧州志》卷一《星野志》，岳麓书社，2010，第84页。
② 〔清〕潘相原：《澧志举要校注》卷一，应国斌校注，湖南人民出版社，2011，第99页。
③ 〔清〕潘相原：《澧志举要校注》卷二，应国斌校注，湖南人民出版社，2011，第187页。
④ 〔清〕潘相原：《澧志举要校注》卷二，应国斌校注，湖南人民出版社，2011，第197页。
⑤ 〔清〕潘相原：《澧志举要校注》卷二，应国斌校注，湖南人民出版社，2011，第229～230页。

了联系。这里流传着白龙听经的传说，《（隆庆）岳州府志》载，"澧州龙潭寺，唐睦州黄明远居此，善诵《度人经》，每晚有一叟来听，明远候经毕，始问姓名，辄不见。忽一日，叟跪告曰：吾横山潺水洞白龙也，有过见责上帝，藉托宅西小池一年矣，旦夕荷君经功，今得解脱，复归故洞。明年当大旱，有符箓一道，以酬君德。若依此祈祷，当得感应。言已去。次年，果旱。明远设坛祝祷，持符箓往洞取水，归遂得大雨，坛前皆有鱼虾。是夕，梦客叟谓曰：今岁天旱，上帝救闭江河溪洞，吾昨于官陂堰取水以应君求，毋再渎也。觉，使人视堰，果涸，小池尚存水，极清冷。夏月生金莲花，人多赏玩云"。① 从这个传说中可以看到，当地百姓已经将龙王作为解救干旱的重要神灵。该传说产生的时间应该甚早，其中提到的白龙来自横山潺水洞。《宋会要辑稿》记载："潺水龙祠，在澧州澧阳县，徽宗崇宁二年七月，赐庙额惠应。"② 可见，早在北宋时期，潺水洞应该就建立起了龙王祠庙，并且得到了朝廷的赐封。

在自宋至明清的历史时期，供奉龙王的祠庙在澧水流域较为普遍地建立起来。上面提到的潺水龙祠位于澧阳县之横山，《（隆庆）岳州府志》载："（横山）州西百二十里，山南有潺水洞，旱祷有应。"③ 在澧州州治范围内，还建立有许多其他的龙王祠庙，《（同治）直隶澧州志》载："龙王庙，原在东门外，圮于水。道光二十年，移建参府署侧。同治六年，州牧魏式曾重修。"④ 关于这座位于澧州州城的龙王庙，清代同治年间的地方官员廷桂在《新修文良制碑记》中亦有记载："州城故有龙神庙，建于东郭，昔年经水，权移神像于参将军署

① 〔明〕钟崇文：《（隆庆）岳州府志》卷十七，明隆庆刻本。
② 〔清〕徐松辑《宋会要辑稿》礼二〇之六六，中华书局，1957，第797页。
③ 〔明〕钟崇文：《（隆庆）岳州府志》卷七，明隆庆刻本。
④ 〔清〕何玉棻、魏式曾修纂《（同治）直隶澧州志》卷十四《祠庙志》，岳麓书社，2010，第385页。

东偏，颇湫隘，敬念澧系名州，水为民害，以一州之力不能爽垲以栖神，无怪水屡为灾，而迄无良法也。"看来迁移至参将军署东侧的龙神庙，颇为简陋，面对不断发生的洪涝灾害，廷桂等地方官员怀疑与未能给予龙神应有的尊崇有关。同治二年，廷桂主持在澧州州城西南边的澧水上游修筑了一条新的堤坝，名文良制。堤坝建成之后，遂在坝上建立了新的龙王祠庙，有"庙宇及三神龛"，"迎神像居新，诠次九水源流巨细，去州城近远，分祀九澧龙神位于三楹"。① 可见这座新建成的龙王庙颇为壮观，供奉了分管澧水及其支流的共计九位龙王。

在澧州州城东十五里的关山上亦建有龙王祠庙。② 关山之上有白龙井，澧州民众在此处建祠祈祷。这座龙神庙在清代颇为兴盛，同治年间，澧州遭遇旱灾，地方官员赴山祈雨，获得成功。事后地方官员主持对龙神庙进行了重修。何玉棻与魏式曾两位澧州官员相继撰写了《重修关山龙神庙记》《重建关山龙神庙记》，记载了此次祈雨及重修龙神庙的来龙去脉。何玉棻首先言道："尝阅《澧州志》，载城东关山旧有白龙井，广深丈许，水不盈不竭，传为龙神所居，祷雨辄应。其后土人立庙祀之。"这表明关山龙神庙虽然灵验，但长期以来都只是作为一种民间信仰而存在。至何玉棻任职澧州时，遭遇了严重干旱，"同治六年（1867）夏秋之交，亢晴至五十余日"，他曾"督令州牧设坛祷"，然而"经三次云起而风即散之"。③ 魏式曾描写得更为详细，称："丁卯五月，苗硕将槁，望泽尤殷，式曾随观察祷于城隍

---

① 〔清〕廷桂：《新修文良制碑记》，载〔清〕何玉棻、魏式曾修纂《（同治）直隶澧州志》卷二十二《艺文志》，岳麓书社，2010，第619页。
② 〔明〕钟崇文：《（隆庆）岳州府志》卷七，明隆庆刻本。
③ 〔清〕何玉棻：《重修关山龙神庙记》，载〔清〕何玉棻、魏式曾修纂《（同治）直隶澧州志》卷二十二《艺文志》，岳麓书社，2010，第621页。

坛，凡三易，或盛云而忽散，或微雨而旋晴，蒿目焦劳，其势岌岌。"① 城隍庙是明清时期朝廷规定天下所有州县城市皆须建立之祠庙，换句话说，城隍庙是官方承认的地方保护神，故澧州官员最初是向城隍庙祈雨，然而未起到明显效果。无奈之下，他们转向民众寻求解决之道，"询诸士民，金谓二年夏仲旱干尤甚，前道暨州牧虔诣各庙祈求，迄未得雨，乃赴关山白龙井，按志载取水之法，得水盛归。甫行而阴云蓊郁，及城而大雨滂沱。是岁转歉为丰焉"。民众告知其此前遭遇干旱，地方官员曾赴关山白龙井求雨，收效显著。何玉棻采信百姓所言，赴关山祈祷。很快，地方官的祈求就取得了效果，"顷刻，云雾四兴，电雷腾踔，间一时，而雨竟如注，三日乃止，高下胥沾，官民交庆"。② 魏式曾亦称："初掘石，云即油然作矣，及得符，而以壶盛沈，雨已霏霏洒于途。式曾迎而供诸坛，则滂沱下者三日。"③ 祈雨既验，势必需要对神灵表示感谢，魏式曾称："土人旧建祠于山麓，规模狭隘，不足以昭明禋。"看来，关山龙神庙长期以来主要为民众所供奉，而未得到官方的认可，故规模颇为简陋。经过此次事件后，"州人感神之灵，咸愿新其庙貌，予喜而捐廉为之倡，于是集众筹款，庀材鸠工，经始于六年之冬，次年春孟即已告成"。在何玉棻的领导之下，关山龙神庙得以重修。④ 不仅如此，地方官员还"因州人士之请，胪列实迹，咨禀以上闻于朝，行见封号□崇聿彰祀

---

① 〔清〕魏式曾：《重建关山龙神庙记》，载〔清〕何玉棻、魏式曾修纂《（同治）直隶澧州志》卷二十二《艺文志》，岳麓书社，2010，第 622 页。

② 〔清〕何玉棻：《重修关山龙神庙记》，载〔清〕何玉棻、魏式曾修纂《（同治）直隶澧州志》卷二十二《艺文志》，岳麓书社，2010，第 621 页。

③ 〔清〕魏式曾：《重建关山龙神庙记》，载〔清〕何玉棻、魏式曾修纂《（同治）直隶澧州志》卷二十二《艺文志》，岳麓书社，2010，第 622 页。

④ 〔清〕何玉棻：《重修关山龙神庙记》，载〔清〕何玉棻、魏式曾修纂《（同治）直隶澧州志》卷二十二《艺文志》，岳麓书社，2010，第 621 页。

典"。① 也就是向朝廷请求对关山龙神庙予以赐封，令其能够进入官方的祀典。

澧州州城外的乡村之间亦有龙王庙存在，《（同治）直隶澧州志》载："（澧州）龙神庙，州南八十里。"又："龙王庙，在桃林东。"②

澧州西边的石门县，早在宋代就有层山龙祠，《宋会要辑稿》载："层山龙祠，在澧州石门县，崇宁元年（1102）十二月，赐庙额善济。"③ 层山龙祠获得赐封的时间较之澧州的潺水龙祠还要早一年，可见其在当地必然有着相当的影响力。《（同治）直隶澧州志》载："（石门）龙王庙，在祝家坪。"④ 与石门毗邻的慈利县，龙王祠庙的分布似乎更为广泛，《（同治）续修慈利县志》："龙神祠，在（慈利）小东门内，乾隆五十一年邑侯阎□居建，嘉庆七年邑侯柳万泰重建。"⑤ 是则该龙王祠乃是由官府出面加以修建。与此相应，亦有民众自发募捐修建者。《（同治）直隶澧州志》又载："（慈利）龙王庙，在南门外五里，众姓募修。"⑥ 直至清末，慈利仍有龙王庙被建立，《（民国）慈利县志》："龙王庙，在卓家□□窝泉，清光绪初建，有田租三石。"⑦ 为保证龙王庙的持续存在，修建者特地置办了田地，用田租对其加以长期供养。慈利境内设立的九溪、永定二卫同样存在龙王庙，《（同治）续修慈利县志》载："（九溪卫）龙神庙，在城外东

---

① 〔清〕魏式曾：《重建关山龙神庙记》，载〔清〕何玉棻、魏式曾修纂《（同治）直隶澧州志》卷二十二《艺文志》，岳麓书社，2010，第 622 页。
② 〔清〕何玉棻、魏式曾修纂《（同治）直隶澧州志》卷十四《祠庙志》，岳麓书社，2010，第 393 页。
③ 〔清〕徐松辑《宋会要辑稿》礼二〇之六六，中华书局，1957，第 797 页。
④ 〔清〕何玉棻、魏式曾修纂《（同治）直隶澧州志》卷十四《祠庙志》，岳麓书社，2010，第 396 页。
⑤ 〔清〕稽有庆修，魏湘纂《（同治）续修慈利县志》，清同治八年刊本。
⑥ 〔清〕何玉棻、魏式曾修纂《（同治）直隶澧州志》卷十四《祠庙志》，岳麓书社，2010，第 397 页。
⑦ 田兴奎修，吴恭亨纂《（民国）慈利县志》卷十一，民国十二年铅印本。

南，嘉庆十八年募建。"① 在清代新设立的安福县，《（同治）直隶澧州志》载："龙神庙，在（安福）县治东，知县南济汉令绅士创修。"又有龙溪寺，"龙溪寺，（安福）县西三里，有九龙潭，祷雨辄应"。玉皇庙，"（安福县）玉皇庙，在张家冈，历祀关帝、龙神，旱潦祷祈"。② 在澧水下游的安乡县则建有青龙庙，《（同治）直隶澧州志》载："龙神庙，即青龙庙，在（安乡）县治西南，被水倾圮，道光二十六年，邑监生胡作保倡捐，升基建修正殿、戏楼及周围墙垣，规模宏敞。咸丰四年毁于兵。六年，邑人士移建河滨，以镇水口。"③ 安乡的这座龙神庙，规模十分宏壮，不仅建有供奉龙神之正殿，还建有戏楼的附属设施，同时为保证庙宇不遭到洪水侵袭，还修筑有围墙予以保护。

除龙王庙外，澧水流域还广泛地分布着一些水府庙、水德庙等与水有关的祠庙，如安乡县，《（康熙）安乡县志》载："水府庙，在（安乡）县治北一里许，久圮，至康熙丁未，王侯之佐建。"④ 表明至迟在明代，安乡即有水府庙的建立。安乡又有水德庙，《（同治）直隶澧州志》载："水德庙，（安乡）县北门外，乾隆四十三年建，嘉庆十二年邑令银中球重修。"⑤ 石门县，《（嘉庆）石门县志》载："水府庙，（石门）县西。"⑥ 慈利县，《（同治）续修慈利县志》载："水府庙，创自有明，乾隆五十五年，卓之浩、王朝献等募修，原有沙地五亩。"⑦ 永定县，《（同治）直隶澧州志》载："水府庙，在（永定）

---

① 〔清〕稽有庆修，魏湘纂《（同治）续修慈利县志》，清同治八年刊本。
② 〔清〕何玉棻、魏式曾修纂《（同治）直隶澧州志》卷十四《祠庙志》，岳麓书社，2010，第400页。
③ 〔清〕何玉棻、魏式曾修纂《（同治）直隶澧州志》卷十四《祠庙志》，岳麓书社，2010，第387页。
④ 〔清〕王基巩：《（康熙）安乡县志》，清康熙二十六年刻本。
⑤ 〔清〕何玉棻、魏式曾修纂《（同治）直隶澧州志》卷十四《祠庙志》，岳麓书社，2010，第387页。
⑥ 〔清〕苏益馨修，梅峄纂《（嘉庆）石门县志》卷二十七，清嘉庆二十三年刊本。
⑦ 〔清〕稽有庆修，魏湘纂《（同治）续修慈利县志》，清同治八年刊本。

县南门外。"安福县,《〈澧纪〉校注》卷九载:"水府庙,在安福所西门外。"[①]《(同治)直隶澧州志》卷十四载:"水府庙,在(安福县)河街大码头,道光二十二年建。"又:"水府庙,新安市下。"[②]我们不太清楚这些水府庙、水德庙中所供奉之神灵具体为谁,但从其名称来看,显然与水有关,结合澧水流域河道纵横且临近洞庭湖的地理情况,这些祠庙之功能当与龙王庙有类似之处。龙王庙与水府庙的广泛存在,也可以让我们切实地感受到水之于澧水流域社会民生的重要影响。

三 对先贤的神化与崇拜

在漫长的历史时期中,澧水流域产生了诸多的杰出人物,其中不少先贤在澧水流域的发展过程中做出了重要的贡献,为当地百姓所铭记与供奉,久而久之,他们逐渐演变成守护一方的地方保护神,实现了由人至神的升格。与此相应,原先一座座纪念性质的祠庙逐渐蜕变为一座座香火缭绕的神祠。

(一) 慈利秀峰祠庙群的出现

慈利县县治东七里的紫霞山麓,有一处著名的祠庙,名叫秀峰祠,用以祭祀五代后梁的将军武平,其在澧水流域有着深远影响。《(隆庆)岳州府志》"武平立庙"条记载,"宋乾德中,有石浮澧,至慈利秀峰之卧龙湾,磨旋不去,忽凭人言曰:'我故梁将武平也,征蛮战没,帝命食兹土,其视我所止祠焉。有顷,石跃峰之麓。观者

① 高守泉校注《〈澧纪〉校注》卷九,名家出版社,2010,第393页。
② 〔清〕何玉棻、魏式曾修纂《(同治)直隶澧州志》卷十四《祠庙志》,岳麓书社,2010,第400~401页。

震骇，始即石为位号而庙祀之'"。①核查新、旧《五代史》等史料，并无武平其人，亦未见后梁在澧水流域征讨蛮族的记载。可以相信，武平乃是一虚构人物。但是这并不妨碍其在澧水流域获得了大量民众的崇信。对武平的崇奉最初当是出于民间的自发行为，产生时间应该比较早，北宋时期已产生相当影响，故得到了朝廷的认可与赐封。《宋会要辑稿》中"梁将武平祠"条载："澧州慈利县武灵神梁将武平祠，崇宁三年（1104）二月赐庙额惠惠。政和二年（1112）十月，封慈应侯。宣和中，封惠烈公。"②如此，武平信仰一跃进入了官方祀典，获得了合法性身份。这为其以后的长期延续提供了有利条件。

供奉武平的祠庙因位于紫霞山之秀峰，故名秀峰祠。又因其距离慈利县治七里路程，亦名七里庙或七里祠。《（万历）慈利县志》载："紫霞山，在邑东七里祠，四时草木惟此独秀，故其峰名秀峰。"③这里的七里祠显然就是秀峰祠。此外，又被称为公王庙。《（同治）续修慈利县志》载："秀峰山，（慈利）县东十里卧龙湾岸北，有七里秀峰，祀公王。"在另一处又记述了将武平称作公王的原因："公王自宋乾德四年（966），石凭人言，辄验……以姓字无考，而为众所共祀，故曰公王。"④所谓"姓字无考"当非主要原因，在留存下来的各种慈利方志中皆有神名武平的记载，因此称公王的最主要原因应是取其为"众所共祀"之意。正因为当地民众普遍奉祀，故不必明确指名道姓，单称"公王"就已足够。

那么，武平究竟有何神异之处呢？南宋士人刘子澄曾任官于慈

① 〔明〕钟崇文：《（隆庆）岳州府志》卷十七，明隆庆刻本。
② 〔清〕徐松辑《宋会要辑稿》礼二〇之一三九，中华书局，1957，第834页。
③ 〔明〕陈光前：《（万历）慈利县志》卷四，明万历刻本。
④ 〔清〕稽有庆修，魏湘纂《（同治）续修慈利县志》，清同治八年刊本。

利，撰写有《秀峰嘉惠庙记》一文，对秀峰祠的情况有所记载。文中写道："澧水经慈利东行七里，秀峰、紫霞二山束之于卧龙湾，湍湫涵漾，神灵所喜舍也，有庙号嘉惠，其神惠烈显应灵顺公。"秀峰祠所在之处恰好位于澧水经过秀峰、紫霞二山之间所形成之卧龙湾。澧水流域的主要城市皆沿澧水及其支流分布，澧水成为沟通这些城市的主要交通线，秀峰祠可以说恰好位于当地的交通要道上。文章接着指出："民有疾苦，辄祷辄应，慢者罚使狂，自咎乃愈。县官以水旱祷，厥应弥邃。官吏之饕者惏者，时出灾警戒之。"是则秀峰祠大致有三个功能：一可解除民众个人疾苦；二有调节风雨之能，故可减轻水旱灾害对当地的影响；三可惩治贪官污吏。① 三个功能很明显都充分体现了民众的心理期盼，对于他们来说，若能避免个人之病痛灾难，又能风调雨顺，保证丰衣足食，同时又能免遭贪官污吏之盘剥，如此的生活自然最为理想。前面我们提到建立秀峰祠最初出于民间自发行为，于此亦可获得印证。秀峰祠的功能可能还不止于此，该祠庙位于紧临澧水之山麓，且武平本身即从澧水中漂流而来，因此他应该还具有保护往来行船之神力。《（民国）慈利县志》载："嘉惠庙，在县东七里秀峰……秀峰，亦曰大庙头，东一峰曰小庙头。往时舟者经其下，必遥荐酒脯蕲福焉。"② 而在澧水支流溇水的一处名叫鱼里乱的险滩上亦建有秀峰祠，《（民国）慈利县志》载："鱼里乱者，所谓溇西危滩之一也，旧传滩上有公王神，能示民祸福，舟者经过必虔祀之。"③ 往来澧水上的船工表现出来的虔诚，表明武平亦是水上航行的保护神。

---

① 〔宋〕刘子澄：《秀峰嘉惠庙记》，载〔清〕曾国荃：《（光绪）湖南通志》卷七十七，清光绪十一年刻本。
② 田兴奎修，吴恭亨纂《（民国）慈利县志》卷十一，民国十二年铅印本。
③ 田兴奎修，吴恭亨纂《（民国）慈利县志》卷四，民国十二年铅印本。

正因秀峰祠乃是出于民众信仰而建立，故拥有十分广泛的群众基础。首先是在秀峰祠所在的慈利县，民众表现出了十分高昂的热情。前引刘子澄《秀峰嘉惠庙记》称："每岁暮春，拜舞数群，耋稚咸集，谓本神以禊日降故也。道迎至邑，必有怪风，灵雨随至。已而，天宇韶晴，歌筦嗷沸，较艺角力，更奠迭酬，各出方物，贸易有无，然后归。"① 可见每年武平降诞之日，慈利民众都会将其神像恭迎至县城，举行盛大的迎神赛会。同时，赛会也是一场颇具规模的商贸集会，各处民众在这一天携带各种货物前来交易，互通有无。在宋代就已产生的这类活动一直延续到了明清时期。《（万历）慈利县志》载："二月廿有七日，各会首备人舟，设牲醴，迎秀峰之神。神到河街，士女皆焚香礼祭毕，导入歇马祠。至三月朔日，行街，祭祀者前后幕次相属，迎送者肩摩而踵接焉。"② 武平降诞之日即三月初一，这也与刘子澄所说的"暮春"相吻合。可见，到了明代，慈利每年恭迎秀峰神至县城，依旧是一场隆重盛会，颇得民众欢迎。《（同治）续修慈利县志》记载："三月初一日，迎土神，土民供公王太保，舍人、书吏供判官，衙役供毛、杨二神，各矜仪仗，盛鼓吹，至东关外朝王塔朝神，旋至城隍庙请地方官致祭。"③ 这表明对秀峰神的祭祀不仅是民间自发行为，官府亦积极参与。至《（民国）慈利县志》亦载："县俗赛公王，则以季春之朔，盖神降始于是日云尔。其日城内外土木之偶毕集，设仪卫卤簿，号朝王。"④ 自宋代至民国，我们看到了一个民间信仰的千年传承。明清时期留下的一些文人诗词，描绘了其时迎请秀峰神赛会的热闹场面，傅子龄有诗称："杨柳青青三月天，公王会

① 〔宋〕刘子澄：《秀峰嘉惠庙记》，载〔清〕曾国荃：《（光绪）湖南通志》卷七十七，清光绪十一年刻本。
② 〔明〕陈光前：《（万历）慈利县志》卷六《岁时》，明万历刻本。
③ 〔清〕稽有庆修，魏湘纂《（同治）续修慈利县志》，清同治八年刊本。
④ 田兴奎修，吴恭亨纂《（民国）慈利县志》卷十一，民国十二年铅印本。

起客联翩。阿奴笑对檀郎道，闹热今年胜往年。"刘子培亦写道："公王胜会薯（暮?）春初，彩仗云屯画莫如。箫鼓迎神官不禁，总缘功德被慈姑。"①

秀峰祠在民众中所具有的深厚影响力，决定了其不可能只局限于秀峰一处。为便利更多信众，秀峰祠开始向其他地方蔓延。首先是在慈利县境内出现了多处秀峰祠庙。《（同治）续修慈利县志》载："（慈利附郭外）十五都……公王庙，在鱼里滩。"② 这一处祠庙据说颇为灵异："十五都鱼里滩公王庙，其神最灵。"并出现了公王娶妇的传说。③ 而《（民国）慈利县志》则记载了另外两处公王庙，一在天台山，一在万棘钩。④ 而明代慈利县境内分设九溪卫之后，这里亦建立起了公王庙，《〈澧纪〉校注》载："九溪（卫）有七里行祠，祀秀峰神。在卫东门外，指挥乔源创。"⑤ 这座行祠应该是在九溪卫建立后不久就被建立了起来。《（同治）续修慈利县志》载："（九溪卫）恭王庙，在东门外七里桥右，顺治年间肇修，康熙、嘉庆时屡次补修。"⑥ 同书又记载有秀峰寺，位于九溪卫二十四都："祀朱梁将武平及罗侯诸将，旧有正殿、寝室、厅堂，明末兵毁。国初王魁楚、濮万爵等重建。嘉庆丙子年，生员皇甫应贵、朱万选等募修。俗呼大庙头，下数里有小庙头。"⑦

秀峰祠的存在并未仅局限于慈利县境内，开始逐渐向澧水流域的其他地区拓展。与慈利东部毗邻的石门县就有多处秀峰祠庙，《（嘉

---

① 〔清〕稽有庆修，魏湘纂《（同治）续修慈利县志》，清同治八年刊本。
② 〔清〕稽有庆修，魏湘纂《（同治）续修慈利县志》，清同治八年刊本。
③ 〔清〕稽有庆修，魏湘纂《（同治）续修慈利县志》，清同治八年刊本。
④ 田兴奎修，吴恭亨纂《（民国）慈利县志》卷十一，民国十二年铅印本。
⑤ 高守泉校注《〈澧纪〉校注》卷九，名家出版社，2010，第393页。
⑥ 〔清〕稽有庆修，魏湘纂《（同治）续修慈利县志》，清同治八年刊本。
⑦ 〔清〕稽有庆修，魏湘纂《（同治）续修慈利县志》，清同治八年刊本。

庆）石门县志》载："七里庙，（石门）县治东南……永兴寺，即上七里庙，（石门）县南五十里……下七里庙，（石门）县南五十里。"① 是则在石门县治附近有七里庙，而在县治南五十里的永兴寺，竟同时存在上、下两座七里庙。《（同治）直隶澧州志》载："七里庙，（石门）县东三十里，乾隆四十八年僧密参建。"② 该庙可能就是《（嘉庆）石门县志》记载的位于石门县治东南的那一座。《（同治）直隶澧州志》载，"七里庙，在（石门）信八区，明代建，内塑七里恭王像，疑覃氏创修，今为向姓施地"。③ 可见，在石门县境内有记载的秀峰祠庙就有三四座之多。

过了石门县，顺澧水而下就是澧州州治所在，这里同样有秀峰祠庙存在，《（同治）直隶澧州志》载："秀峰寺，古名漱流庵，三磊滩北。"又："七里寺，在姜家坡。"④ 甚至在澧水下游的安乡县，也有秀峰祠庙的分布，而且建立时间颇早。《〈澧纪〉校注》载："七里庙，在（安乡）县治北。至正中，刘元翁创。"⑤ "至正"为元朝末代皇帝元顺帝的年号，可知早在元末安乡就建立了秀峰祠。这座祠庙当一直存在至明朝末年，为战火所毁，但清朝建立后又得以重建。《（同治）直隶澧州志》载："七里庙，（安乡）县治北渡口南岸，明季火于兵，国朝康熙五年，邑令王之佐重建。乾隆五十五年，朱令清选重修。"⑥

---

① 〔清〕苏益馨修，梅峰纂《（嘉庆）石门县志》卷二十七，清嘉庆二十三年刊本。
② 〔清〕何玉棻、魏式曾修纂《（同治）直隶澧州志》卷十四《祠庙志》，岳麓书社，2010，第395页。
③ 〔清〕何玉棻、魏式曾修纂《（同治）直隶澧州志》卷十四《祠庙志》，岳麓书社，2010，第396页。
④ 〔清〕何玉棻、魏式曾修纂《（同治）直隶澧州志》卷十四《祠庙志》，岳麓书社，2010，第396页。
⑤ 高守泉校注《〈澧纪〉校注》卷九，名家出版社，2010，第410页。
⑥ 〔清〕何玉棻、魏式曾修纂《（同治）直隶澧州志》卷十四《祠庙志》，岳麓书社，2010，第394页。

可以看出，秀峰神的信仰有两个突出的特点，一是持续时间之长，自宋代慈利百姓于秀峰山麓为武平建立起第一座祠庙开始，这一信仰就一直传承不辍，直至清末依旧存在；二是传播范围之广。从最初的局限于慈利境内，后逐渐沿着澧水向中下游地区传播扩散，石门、澧州州治，甚至安乡等地皆建立起了为数众多的祠庙。毫无疑问，该信仰已成为整个澧水流域民众所共享的独特之神灵信仰。

（二）澧州彭思王庙的升格及其儒学化改造

澧水流域另外一座重要的地方庙宇为彭思王庙，其影响力较上面提到的秀峰祠与五通神稍有不及，但持续时间之久却不遑多让。彭思王庙位于距离澧州州治西面十里的彭山之上，彭山因此庙而得名，其祭祀对象为唐高祖李渊之子彭王李元则。《旧唐书》卷六十四《李元则传》载："彭王元则，高祖第十二子也。武德四年，封荆王。贞观七年，授豫州刺史。十年，改封彭王，除遂州都督，寻坐章服奢僭免官。十七年，拜澧州刺史，更折节励行，颇著声誉。永徽二年薨，高宗为之废朝三日，赠司徒、荆州都督，陪葬献陵，谥曰思。"[①] 据此，李元则曾被册封为彭王，出任遂州都督，任上因在服饰方面过于奢侈，且有僭越，故而遭到惩处，被贬谪至澧州担任刺史。在澧州任上，李元则洗心革面，折节励行，取得了良好的政绩。死后被赐予谥号"思"，后世遂称其为彭思王。应该正是有感于李元则在澧州的德政，澧州百姓在彭山之上建祠纪念。

彭思王庙在宋代就不断得到朝廷加封，《宋会要辑稿》记载："李元则祠，在澧州澧阳县，徽宗政和元年（1111）六月赐庙额英泽，五年六月封镇灵侯，宣和五年（1123）改封广泽公。高宗绍兴十八年

① 〔后晋〕刘昫等：《旧唐书》卷六十四《李元则传》，中华书局，1975，第 2428～2429 页。

（1148）三月，加'显烈'二字。三十二年十月，又加'顺济'二字。孝宗乾道五年（1169）十二月，加封广泽显烈顺济嘉应公。"①在明代依旧得到朝廷的祭祀，《明一统志》载："彭思王庙，在澧州西一十里，旧名昭应庙，唐高祖子李元则封彭王，为荆州刺史，有德政，卒谥曰思，民立祠祀之。宋封昭应普济王，本朝为李彭思王，庙祀以冬至日。"②

彭思王庙最初可能与前面提到的屈原祠庙等情况类似，只是作为一种纪念性祠庙而存在，用以表达百姓的感激之情，但后来逐渐被赋予了种种神异的能力，由纪念性祠庙蜕变为一种神祠，这恐怕是其能够持续千年始终为澧州民众所信仰的主要原因，亦是其能够在宋代、明代不断得到朝廷加封祭祀的重要推动力。这从历代文人为该庙所撰写的文章中即可看出。宋代士人任续为彭思王庙撰写的庙记中写道，"续尝闻名山大川主之有神，皆命于帝，澧在湖西，古为望郡，此山之胜，雄压远迩，气象蔼然，固神灵所舍。惟神昔以分茅，抚临蕃国，洽浃惠爱，虽前史疏略失详，而斯民怀慕，世祠俨存。谨按谥法：追悔前过曰思，道德纯一曰思。况英灵烜赫，祷应如响，千古庇赖，奉祀匪懈"。③"英灵烜赫，祷应如响"，充分表明其在澧州百姓眼中所具有的神异性。

至明代正德年间，流寓澧州的著名官员刘瑞，亦撰写有《唐澧州刺史彭思王庙堂记》一文。刘瑞字德符，四川成都府内江县人，弘治九年（1496）进士，选庶吉士，授翰林院检讨。正德二年（1507），因反对宦官刘瑾弄权而辞官，遂寓居澧州。在庙记中，他指出了澧州官员百姓对于彭思王的信奉，"逮今凡水旱灾疫必祷，祷辄应。澧文

---

① 〔清〕徐松辑《宋会要辑稿》礼二〇之三六，中华书局，1957，第782页。
② 〔明〕李贤等：《明一统志》卷六十二，载《景印文渊阁四库全书》第473册，台湾商务印书馆，1983，第313页。
③ 〔明〕钟崇文：《（隆庆）岳州府志》卷九，明隆庆刻本。

武吏以春秋行事唯谨"。可见，彭思王具有调节风雨、消除水旱灾害、避免瘟疫等功能，颇具灵异，故即便是地方的文武官员，也十分虔诚地对其加以祭祀。刘瑞曾亲自前往彭山参观该庙，透过他的眼睛让我们看到了其时彭思王庙的景象，"己巳（正德四年）冬，始一登焉，矮屋数楹，断□草莽而已。予再拜，既问其祝曰：'南向而左者，谁也？'曰：'王也。''右者谁也？'曰：'妃也。''男女东西列者谁也？'曰：'执事于王者也。'予大骇曰：'嘻！有是哉！礼之缪也，谁为是者？是曰：报德祝嘏，适为神羞耳。思王灵肯顾歆是乎？'"刘瑞来到彭山，所看到的庙宇似乎颇为破败，只有矮小的房屋数间，周围还长满了荒草。不过，庙宇并未荒废，其中还有庙祝予以管理。最令刘瑞不能理解的是庙中神像的布置。此时，庙中所供奉的并非仅彭王一人，还有彭王之妃，以及一些服侍于王之人，这些服侍者中有男亦有女。在刘瑞看来，将彭王与其妃并排而立，又将男女服侍者并列，这些都是有违礼法之举。非但不是对彭思王之神灵的尊重，反倒是一种羞辱。他进而指责道："予独怪夫德王者不知所以敬王也，至使聪明正直之居，视村巫社保，杂魈魅而群列者无异焉，可不可也。"刘瑞认为如今的庙宇简直无异于乡村民众所供奉的巫神之类，与彭思王的地位十分不相称。因此，他自觉"不得不举而正之"。在他的推动下，广泛募集经费，对庙宇进行了一番大规模修缮，他言道："方图所以更置者。然有司莫之应也。久之，有浮屠氏来告曰愿从事。因草疏百言，募于众，宗藩以下咸乐，欣舍金谷，既余而材木亦随集矣。构堂翼翼，于屋之南，崇峻轩豁，绝越旧观。已而知州向侯至，复督耆民汪祯等十人终之，完以甓石，文以丹腹，中设王象，对越孔严，更旧屋曰寝宫。凡像之东西列者，举移置焉，昭内外也。经始于庚午孟秋，以辛未仲冬落成。"① 这次改建，不仅让庙宇的建筑更为宏伟气派，更重要的是改变了内部的格局，让其更符合儒家的传统价值理念。如果我们结合刘瑞作为儒学士大夫的特殊身份深入分析其文章，可以发现，他批判彭思王庙布局类似于乡村巫神，可能恰恰道出了该庙在当地百姓心目中的形象，其庙宇内部的有悖礼法之神像格局，也反映了普通百姓所具有的价值理念。对于普通百姓来说，彭思王庙早已不再是纪念性祠庙，彭思王具体为谁也不甚重要，重要的是其是否具有灵异性。而对于刘瑞这样的儒家士大夫来说，他们看重的并非其灵异性，而是其所具有的教化性质，希望通过这座祠庙起到移风易俗之功效，故对于神庙内部格局是否符合礼法颇为关注。这体现了士大夫阶层对于普通百姓精神信仰领域的介入与改造。

不过，这样的改造未必就能改变百姓对于彭思王庙的关注重点所在。在此后，民众对于该庙的崇祀依旧渊于其所具有之灵异性。这在清代澧州地方官员何璘所撰写的《彭思王祠甃石记》中体现的至为明显。何璘于乾隆十年（1745）出任澧州知州，他在记文中指出："澧城之西十里有彭山，上祀唐思王像……每月朔望，州民远□祈祷于王者，肩踵相错于庭。王爱民无已，恒多灵应。"这表明在清朝乾隆时期，彭思王庙的香火依旧十分旺盛，而其深得百姓信奉的根本原因在于其"恒多灵应"。接下来，何璘记述了一则他亲身经历的彭思王显灵的事迹，他写道："乾隆戊辰岁，为余牧澧之三年，其年六月初六日，天气晴霁，忽上流山水爆发，远近田庐皆淹，州城数版，灭没如在岛屿。继而淋雨不已，被水灾黎昏垫咨□。余目击民艰，救援无术，乃默号于王，求上天豁然开朗晴霁□月，则灾黎有赖。已果如祷，民得以修葺败屋，补种晚禾，岁复有收。"乾隆十三年发生的大

---

① 〔明〕刘瑞：《五清集》卷十一《唐澧州刺史彭思王庙堂记》，明刻本。

洪水给澧州造成了很大的破坏，而连绵不断的雨水则让灾害时间持续延长。无奈之下，作为知州的何璘只得向彭思王祈祷，果然很快就云销雨霁，为百姓在洪灾后补种晚稻创造了有利条件，在一定程度上避免了饥荒的出现。故事后，何璘"乃率同僚佐报祀于王，瞻仰王仪"，以向神致谢。却发现此时的彭思王庙"金彩剥落，殿甃壊坎"，故"爰捐廉俸，□修遗像，甃殿以石"，对庙宇重新进行了修缮。① 从这个事例中也可看到，调节风雨、抵御水旱灾害，已成为彭思王庙的一个十分重要的职能。在康熙年间，已有过澧州官员赴彭山求雨的记载，翟启迪留有《巫山一段云·彭山祷雨（康熙戊寅颂州主陈侯）》一诗："爰破炎蒸雨，潇潇陇头盈。火轮倏卷电光萦，□令□禾青，尽通舒民困。彭山旧有灵，当年凿井已无凭，□帝贵精诚。"②

可能是彭山位于澧州之西，距离石门县较近的缘故，彭思王信仰在石门似乎颇为盛行。《〈澧纪〉校注》载："彭山庙，在（石门）县东。"③ 这表明在明代石门县就建立起了彭山庙。《（嘉庆）石门县志》载："彭山庙，（石门）县治东，祀彭思王李元则。"这应该就是《澧纪》中记载的那座彭山庙，可见其直至清代依旧被延续了下来。该书又载："彭山庙，（石门）县南五十里，祀彭山州主。"④《（同治）直隶澧州志》亦载："彭山庙，在（石门）县市。一在县东毛家山。"⑤毛家山位于石门县东，其彭山庙可能还是《澧纪》中提到的那一座。这些都表明石门县的彭山庙自明至清一直得到了当地百姓的崇奉。

---

① 〔清〕何璘：《彭思王祠甃石记》，载〔清〕何玉棻、魏式曾修纂《（同治）直隶澧州志》卷二十二《艺文志》，岳麓书社，2010，第 598 页。
② 〔清〕何玉棻、魏式曾修纂《（同治）直隶澧州志》卷二十五《艺文志》，岳麓书社，2010，第 704 页。
③ 高守泉校注《〈澧纪〉校注》卷九，名家出版社，2010，第 387 页。
④ 〔清〕苏益馨修，梅峄纂《（嘉庆）石门县志》卷二十七，清嘉庆二十三年刊本。
⑤ 〔清〕何玉棻、魏式曾修纂《（同治）直隶澧州志》卷十四《祠庙志》，岳麓书社，2010。

综上可见，彭思王信仰与武平信仰一样，皆是从宋代一直延续到清朝，持续时间甚久。不过，与秀峰祠遍布整个澧水流域不同，彭思王信仰主要集中在澧州州治，以及石门县境内，目前尚未见到慈利、安乡等地建立有彭思王庙的记载，表明其影响力有一定的局限性。

（三）士、民不同视角下的谢晦庙

澧水下游的安乡县境内，亦有一座香火传承逾千年的祠庙，这就是位于黄山的谢晦庙。黄山，在安乡县西北六十里，一名金峰山，土色皆黄，故名。[①] 山上的谢晦庙，供奉的是南朝刘宋时期的官员谢晦。谢晦（390～426），字宣明，陈郡阳夏县（今河南省太康县）人。是辅助刘裕建立宋朝的开国功臣。谢晦出身陈郡谢氏，颇识机变，才略明练。刘裕即位后，历任右卫将军、侍中、中领军，册封武昌县公。刘裕临终之际，选谢晦为顾命大臣，辅佐宋少帝。景平二年（424），谢晦参与废杀宋少帝的政变，迎立宜都王刘义隆即位，是为宋文帝。谢晦因拥戴之功出任卫将军、荆州都督。元嘉三年（426），听闻傅亮伏诛，举兵反叛，为名将檀道济和到彦之所破，擒送建康伏诛，时年三十七岁。《明一统志》载："谢晦庙，在黄山，刘宋谢晦刺荆州，尝过黄山，顾瞻久之，后卒，柩过不肯去，因葬焉，民为立祠。宋封显应公，本朝定名荆州刺史谢晦，庙祭以八月二十九日。"[②] 据此，谢晦在荆州刺史任上曾经过黄山，心仪此地，死后灵柩行经此处，不肯离去，故葬于此，当地民众为其立祠纪念。这个传说与前文中后梁将领武平行秀峰山下之卧龙湾"磨旋不去"有类似之处。

安乡民众之所以肯为其建立祠庙，据记载最为主要的原因同样是

---

① 〔清〕王基巩：《（康熙）安乡县志》卷二，清康熙二十六年刻本。
② 〔明〕李贤等：《明一统志》卷六十二，载《景印文渊阁四库全书》第473册，台湾商务印书馆，1983，313页。

出于其本身所具有的灵异性，"旧志云：晦葬黄山顶，邑人神之，因为立祠，所祈辄应"。① 谢晦信仰的出现应该是比较早的，北宋初年乐史《太平寰宇记》中即记载："黄山，字或作皇，昔人或呼为睢山，今乡人或为王山，云宋大将军谢晦被诛死于此山，立庙，因呼此神为王山，祠坛基址犹在。"② 这表明至迟在唐代，谢晦庙就已经被建立。至宋代，谢晦庙屡屡得到朝廷加封。《宋会要辑稿》载："谢晦祠，在澧州安乡县，宋卫将军荆州刺史。徽宗崇宁三年（1104），赐庙额忠济。政和二年十月，封顺惠侯。宣和中，封孚泽公。"又："忠济庙，庙在澧州安乡县，孚泽公，淳熙十年（1183）十二月，加封孚泽显应公。"③ 至明清两朝，官府依旧对其加以祭祀，"明封为荆州刺史，以八月二十九日有司致祭。嘉靖十年（1531），巡抚颜加春秋祭，岁以为常。国朝因之，与春秋二仲各祭祀同期举行，经费银四两"。④

　　谢晦庙之所以能够自宋至清一直得到官府和民间的祭祀，据记载最为主要的原因依旧在于其所具有的灵异性。其在宋代得到加封即渊源于此，《（康熙）安乡县志》载："宋政和二年（1112），大旱，荆澧祷雨祠下，报应如响。是岁，二州独以军备不乏，奏朝，封惠应侯，赐庙额曰忠济。"⑤ 从中可见，谢晦庙的一个突出功能就是能够调节风雨。不仅如此，《（隆庆）岳州府志》中有一则宋代的故事称："汪安行以武陵郡丞摄守澧阳，是冬，移摄巴陵。明年夏，归任，道由安乡，阻风五日，遣人香祷黄山祠，即得吉卜。是夜，梦乌巾紫拦者来谒，云诘朝可行矣，异日吾邦使君敢不告。既寤，风果息，解维

---

① 〔清〕王基巩：《（康熙）安乡县志》卷之四，清康熙二十六年刻本。
② 〔宋〕乐史：《太平寰宇记》卷一百四十六，王之楚等点校，中华书局，2007。
③ 〔清〕徐松辑《宋会要辑稿》礼二〇之四二，中华书局，1957，第785页。
④ 〔清〕何玉棻、魏式曾修纂《（同治）直隶澧州志》卷十四《祠庙志》，岳麓书社，2010，第387页。
⑤ 〔清〕王基巩：《（康熙）安乡县志》卷之四，清康熙二十六年刻本。

去。及秩满，还朝，遂得澧守，皆如神言。绍兴改元，乃书其事于庙，以昭灵见云。"① 汪安行为南宋初年人，其由岳阳归武陵，途经安乡，是则其必然是由洞庭湖乘船而返，而后由安乡乘船至武陵，他遇风阻之后，祈祷于黄山祠，表明他相信黄山祠具有保佑航行平安之功能。对于濒临洞庭湖的安乡来说，其相当部分的民众皆以水为生，甚至以水为家，因此相传的黄山祠的这一功能必然使其能够在安乡地区吸引大量的信众。

鉴于安乡民众对于谢晦庙的热烈崇奉，除了黄山之上的谢晦庙香火旺盛外，在黄山之外的地方亦建立了多处行祠。《（隆庆）岳州府志》载："（安乡）谢晦庙，三，一南坪驿，一井子冈，一黄山，庙名忠济。"②《（同治）直隶澧州志》载："（安乡）黄山忠济行祠，明洪武间创建，国朝乾隆七年（1742）修，嘉庆八年（1803）重修。"③这座黄山行祠具体位于何处不得而知，或许就是前面提到的南坪驿和井子冈两处谢晦庙之一。这些行祠的建立，无疑是为了给更多的民众提供敬香祈祷之所。

不过，在宋代以后，有关谢晦庙的合理性出现了不小的争议。从前面介绍的谢晦的生平事迹中可看到，他虽为刘宋之开国功臣，但参与了废杀宋少帝的行动，最终又因起兵反叛而被诛杀。按照传统的儒家道德理念，这种人物可以称得上是乱臣贼子。安乡供奉这样的人，而且得到朝廷的祭祀，明显有悖于道义礼法。早在元代就有人认为黄山之上所祭祀的并非谢晦，而是另一位晋朝人谢迁，"县志，黄山南禅寺，有元至治二年（1322）碑记云：安之黄山，屹然独耸，昔西晋

---

① 〔明〕钟崇文：《（隆庆）岳州府志》卷十七，明隆庆刻本。
② 〔明〕钟崇文：《（隆庆）岳州府志》卷九，明隆庆刻本。
③ 〔清〕何玉棻、魏式曾修纂《（同治）直隶澧州志》卷十四《祠庙志》，岳麓书社，2010，第394页。

谢君迁憩此，因为立庙"。① 明朝著名文人王世贞曾十分愤怒地批判黄山供奉谢晦之事，称："晦，逆臣也，本末甚明，宋人既不之考，而洪武、天顺诸礼官儒臣，皆似目无古人者，可笑可笑。"② 一位名叫许蟠的明代士人也对黄山祠庙中供奉的是否为谢晦提出了疑问："晦之祀沿袭已久，今详之，窃疑其非晦也。"他从谢晦本人之道德品行以及史书记载谢晦墓并非位于黄山等角度出发，指出"晦既亲行弑逆，乃纲目之所斥，祀典之所当废者也，而县祀之，几于淫矣，岂别有其人而传之误欤？抑仅取其雨旱之功而祀之欤？"③ 许蟠认为谢晦之说可能是传闻失误所致，但千百年来故老相传皆为谢晦，令许蟠又有明显的不自信，在质疑的同时又认为可能因谢晦有"雨旱之功"，故为当地百姓所祭祀。明代著名文学家袁宏道，为公安县人，公安与安乡毗邻，黄山恰好位于两县之交界处，故袁宏道在所著《公安志》中亦提到了黄山上的祠庙，但他认为庙中所祀的"为刘毅之从官谢纯，为南平相，死葬麓湖黄山之间，庙乃祀纯，而伪传为晦庙"。④ 至《（嘉庆）大清一统志》，径直记载道："惠济庙，在安乡县北黄山顶，祀晋谢迁。"⑤ 该志在没有切实根据的情况下，直接采纳了元代碑刻的记载。

从已然的事实层面来看，无论存在怎样的争议，似乎都没有影响到安乡民众对谢晦神祠的信仰。其实原因很简单，对于百姓来说，重要的是神灵是否具有灵性，是否能够满足自身的祈求。至于其是否为乱臣贼子，他们则并不特别关心。而对于饱读诗书的士大夫来说，恰恰相反，他们对于怪力乱神原则上不太"感冒"，更为注重的是这些

---

① 〔清〕穆彰阿：《（嘉庆）大清一统志》卷三百七十四，《四部丛刊续编》本。
② 〔明〕王世贞：《弇州四部稿》卷一百六十一，载《景印文渊阁四库全书》第 1281 册，台湾商务印书馆，1983，第 572 页。
③ 〔明〕钟崇文：《（隆庆）岳州府志》卷九，明隆庆刻本。
④ 〔清〕穆彰阿：《（嘉庆）大清一统志》卷三百七十四，《四部丛刊续编》本。
⑤ 〔清〕穆彰阿：《（嘉庆）大清一统志》卷三百七十四，《四部丛刊续编》本。

祠庙所具有的正面的教化意义，关注其是否能够给予民众正确的价值引导，所以需要想方设法地否定庙中所供奉之人为谢晦。

四　外来神灵信仰

如果说秀峰祠、谢晦庙等神祠是诞生于澧水流域本地的神灵信仰，那么五通神（又有五圣神等不同称谓）则当属外来神灵，并最终发展遍布整个澧水流域。

（一）五通神的流传

五通神信仰在宋代就已出现并流行于世，至明清时期在民间依旧十分盛行。清代著名学者赵翼对五通神的历史做过一番考察，在所著《陔余丛考》"五圣祠"条中，他言道，"钮玉樵谓明太祖既定天下，大封功臣，梦兵卒千万罗拜乞恩，帝曰：'汝固多人，无从稽考，但五人为伍，处处血食可耳。'命江南人各立尺五小庙祀之，俗谓之五圣庙。后遂树头花间、鸡埘豕圈小有灾殃，辄曰五圣为祟。本朝有汤公斌巡抚江南，奏毁之，其祸遂绝。《述异记》亦载康熙八年，秀水县民郭季平为五圣所祟，丙寅，江苏巡抚汤公奏除五圣淫祀，妖祸遂绝云云。然实未尽绝也。……山村野岸，尺五小庙所在有之。……盖幽明之际，变幻无穷，固非令甲所能禁也。然玉樵谓起于明祖，则未必然。按《夷坚志》，林刘举将赴解，祷于钱塘门外九里西五圣行祠，遂登科为德兴尉，到任奠五显庙，知为五圣之祖祠也。则五圣之祠宋已有之……然则五圣、五显、五通，名虽异而实则同……五圣者宋、元已有之，而非起于明祖矣"。[①] 从赵翼的考订中，我们可以得出以下

---

① 〔清〕赵翼：《陔余丛考》卷三十五《五圣祠》，曹光甫校点，上海古籍出版社，2011，第700～701页。

几点结论：第一，五通神有着许多不同的名字，如五圣、五显之类；第二，五通神信仰在宋代就已出现，至明清时期依旧颇为流行；第三，五通神信仰主要盛行于江南地区，并由此波及其他地区；第四，五通神信仰因起源于民间，具有淫祠的性质，时常受到官府的打压，清代的汤斌即为突出代表。

五通神信仰在澧水流域的传播，可能早在宋代就已经开始，南宋士人项安世在其《项氏家说》卷八《九歌》中记载："按《澧阳志》，五通神出屈原《九歌》。今澧之巫祝，呼其父曰太一，其子曰云霄五郎，山魈五郎，即东皇太一，云中君，山鬼之号也。刘禹锡论武陵之俗，亦曰好事鬼神，与此正合。且《九歌》多言澧阳、澧浦，则其说盖可信矣。汉谷永言楚怀王隆祭祀，事鬼神，欲以获福，助却秦师，而兵破地削，身辱国危，则原之《九歌》盖为是作欤？"[1] 项安世从屈原及楚地信巫重鬼的文化特征来探寻此地五通神信仰的来源。不过这一分析臆测的成分应该较多，并无切实根据。五通神在宋代传播甚广，但其祖庙一般被认为在今天江西的婺源。南宋王炎在《双溪类稿》卷二十五《五显灵应集序》中言道："凡郡县必有明神司祸福之柄，庇其一方，在吾邑则五显是也。阖境之人，旦夕必祝之，岁时必俎豆之惟谨。神之灵应，不可殚纪，然当论其大而略其细，何也，地方百余里，民近数万户，水旱有祷焉而无凶饥，疾疠有祷焉而无夭折，其庇多矣。余威遗德，溢于四境之外，达于淮甸、闽、浙无不信向。"[2] 据此可知，五通神信仰存在一个由婺源向外传播扩散的过程，澧水流域的五通神信仰当在这一过程中传入。

---

① 〔宋〕项安世：《项氏家说》卷八《九歌》，载《景印文渊阁四库全书》第 706 册，台湾商务印书馆，1983，第 540 页。
② 〔宋〕王炎：《双溪类稿》卷二十五《五显灵应集序》，载《景印文渊阁四库全书》第 1155 册，台湾商务印书馆，1983，第 720 页。

　　项安世的记载只能告诉我们五通神早在宋代已经进入澧水流域，但其具体的传播情况如何，由于史料缺载，尚不清楚。就目前掌握的情况来看，五通神祠的大量建立乃是在明清以后。

（二）五通神在澧水流域的分布及特点

　　先看澧水流域的核心城市澧州，《〈澧纪〉校注》卷九载："五通庙，一在州治西，洪武壬子（1372），通判鲁旻建。正统庚申（1440），知州蒋肇修。一在州治后，嘉靖甲寅（1554），同知卢尧亮重建。一在州东一里，万历癸未（1583）建。"[1] 这里提到的明代修建的位于州治的五通神祠就有三所，分别建于明代初期、中期和后期。对于鲁旻所建之五通神祠，《（隆庆）岳州府志》卷九亦有记载："（澧州）奎圣祠，布政司右，祠五通神皋，祷辄应。洪武壬子，通判鲁旻，后蒋肇、水之文相继修，盖山魈俗名之。"[2] 是则五通神祠又可称作奎圣祠。这座奎圣祠建立于洪武壬子，即1372年，距朱元璋于1364年从陈友谅之子陈理手中夺取澧州，仅仅过去了八年。在战乱之后百废待兴的形势下，明朝官员却积极致力于修建五通神祠，必然有其特定的政治意义，这很可能是朝廷用以安抚当地民众、凝聚民心的举措之一。不仅澧州城内如此，在城外的乡村市镇应该亦有五通祠的分布。《（同治）直隶澧州志》卷四载："津市渡，（澧）州东二十里，夫三名。咸丰五年，士民复倡设义渡三处，一在大码头，一在五通庙，一在汤家巷。"[3] 津市位于澧州州城东二十里的澧水下游，在明清时期可以说是澧水流域的一座商贸中心城市，十分繁华。咸丰五年所设之三处义渡，其中一座即

---

①　高守泉校注《〈澧纪〉校注》卷九，名家出版社，2010，第387页。

②　〔明〕钟崇文：《（隆庆）岳州府志》卷九，明隆庆刻本。

③　〔清〕何玉棻、魏式曾修纂《（同治）直隶澧州志》卷四《舆地志》，岳麓书社，2010，第182页。

设置于五通庙。这里的五通庙是作为地名,但既然五通庙可以作为地名,至少表明历史上这里曾经存在过一座五通神祠。

在澧州东部澧水下游的安乡县,亦有五通神祠的分布,《(同治)直隶澧州志》卷十四记载:"五显庙,(安乡)县治北,明崇祯十八年梁士济创建,日久轻圮。国朝康熙六年,邑令王之佐重建。嘉庆十三年银令中球重修。"① 在安乡县治东门外还有一座华光庙,《(康熙)安乡县志》卷四载:"华光庙,在县治东门外,明末毁于兵,至顺治丙申(1656),吴侯治汇建正厅三间,康熙丙午(康熙五年),王侯之佐前建拜厅三间,周围墙垣。"② 这座华光庙应该亦是五通神祠,与澧州相邻的常德就有一座华光庵,同时又名五显庵,《(嘉庆)常德府志》载:"五显神自宋以来,祠祀已繁,或谓即佛乘中华光藏主妙吉祥如来,恐属附会。"③ 是则,有一种传说认为五显神即佛教中的华光如来,故五显庵又可称为华光庵,则安乡之华光庙应该就是五通祠。在安乡县,明代还建立有保堤庙,其中供奉的应该亦是五通神。《(同治)直隶澧州志》卷十四载:"保堤庙,(安乡)县治东北道上。明时水大涨,堤几倾,人民号泣,邑令杨继韶请于神,堤因以全,随建庙五王神像祀之。国朝康熙七年,王令之佐重建。乾隆三十八年,王令楚士重修。"④ 所谓"五王"即五个神灵并立,这正与五通神相合,因此可以确信其即为五通神,只不过建立该庙意在维护堤坝安全,故称之为保堤庙。

澧州西边的石门县,《〈澧纪〉校注》载:"五通庙,在(石门)

---

① 〔清〕何玉棻、魏式曾修纂《(同治)直隶澧州志》卷十四《祠庙志》,岳麓书社,2010,第394页。

② 〔清〕王基巩:《(康熙)安乡县志》卷四,清康熙二十六年刻本。

③ 〔清〕应先烈修,陈楷礼纂《(嘉庆)常德府志》卷十二,清嘉庆十八年刻本。

④ 〔清〕何玉棻、魏式曾修纂《(同治)直隶澧州志》卷十四《祠庙志》,岳麓书社,2010,第394页。

县西。"《澧纪》成书于明万历年间，表明该五通庙至迟建立于明代。《（嘉庆）石门县志》卷二十七载："五通庙，（石门）县市南。"①《（同治）直隶澧州志》卷十四载："（石门）五通庙，一在界溪桥，一在马鞍山，一在花山坪。"又："五通庙，在（石门）万福桥右。"②是则在不同的时期，石门县先后出现过至少六座五通神祠。

在石门县西的慈利县，《（同治）直隶澧州志》卷十四载："（慈利）五通庙，一在一坊厢，一在县署前，一在南街。"③《（同治）续修慈利县志》载："五通庙，一在一坊厢，一在县头门内，一在南街。"④ 这两条所记载的显然是一致的。可以看出，这三座五通庙皆位于慈利县城之内。这三座庙可能一直到了民国依旧存在，《（民国）慈利县志》卷第十一载："五通庙，一在知事公署前，一在西门外，一在南正街。"⑤ 在慈利县城外亦建有五通庙，《（同治）续修慈利县志》载："（慈利附郭外）十九都，五通庙（一名五灵宫）。"⑥《（民国）慈利县志》卷第十一载："五通庙，在董儿峪，清道光二十三年建，有田七石二斗。"又"五通庙，在穿石溪英贤铺，清咸丰七年建"。⑦ 看来，直至清末，慈利地区依旧有新的五通庙被建立起来。与此同时，明代在慈利县境内设立的九溪卫与永定卫，亦有五通庙建立。《（同治）续修慈利县志》载："（九溪卫）五通庙，在王家井，康熙二十八年修，有田一亩。"⑧《〈澧纪〉校注》卷九载："五通庙，

① 〔清〕苏益馨修，梅峄纂《（嘉庆）石门县志》卷二十七，清嘉庆二十三年刊本。
② 〔清〕何玉棻、魏式曾修纂《（同治）直隶澧州志》卷十四《祠庙志》，岳麓书社，2010，第395~396页。
③ 〔清〕何玉棻、魏式曾修纂《（同治）直隶澧州志》卷十四《祠庙志》，岳麓书社，2010版，第397页。
④ 〔清〕稽有庆修，魏湘纂《（同治）续修慈利县志》，清同治八年刊本。
⑤ 田兴奎修，吴恭亨纂《（民国）慈利县志》卷第十一，民国十二年铅印本。
⑥ 〔清〕稽有庆修，魏湘纂《（同治）续修慈利县志》，清同治八年刊本。
⑦ 田兴奎修，吴恭亨纂《（民国）慈利县志》卷第十一，民国十二年铅印本。
⑧ 〔清〕稽有庆修，魏湘纂《（同治）续修慈利县志》，清同治八年刊本。

在永定卫。"① 《（同治）直隶澧州志》卷十四载："（永定县）五通庙，在考棚前。"② 这座位于永定县考棚前的五通庙，很可能与明代在永定卫建立的五通庙为同一所，如此则可见其延续时间之久。

此外，在清代分割慈利、永定、九溪等地而新设立的安福县，同样存在五通庙。《（同治）直隶澧州志》卷二载："五通庙，在（安福）县东北三里，明初创修。"又："（安福县）五通寺，在合口。"合口位于澧州州治西四十里左右，早在明代就是澧水流域一处重要的市镇，清代时期其一半属于安福县。③ 又："（安福县）五通庙，在新安市"。④ 新安市为安福县内的一处繁华市镇，《（同治）直隶澧州志》卷二载："新安镇，县北六十里，约三百九十余户，原九溪守备屯驻处，设巡检司于此，今裁。"⑤

从上面的考察可以看到，五通神在澧水流域的分布呈现两个突出特点，首先，分布范围十分广泛，无论是澧州州治所在，还是慈利、石门、安乡等属县城市，以及一些繁华市镇，甚至是乡村，皆有五通祠庙的存在。其次，持续时间长，早在宋代澧水流域可能就已有五通神信仰的流传，而在整个明清时期，民众对于五通神的信仰始终未曾间断，直至清末尚有新的五通神庙被建立。这些都表明五通神信仰在澧水流域的根深蒂固。由于五通神乃起源于民间，带有一定非正统色彩，尤其是在清代，被视作一种淫祀，遭到部分地方官员的有意打

---

① 高守泉校注《〈澧纪〉校注》卷九，名家出版社，2010，第393页。

② 〔清〕何玉棻、魏式曾修纂《（同治）直隶澧州志》卷十四《祠庙志》，岳麓书社，2010，第401页。

③ 〔清〕何玉棻、魏式曾修纂《（同治）直隶澧州志》卷二《舆地志》，岳麓书社，2010，第134页。

④ 〔清〕何玉棻、魏式曾修纂《（同治）直隶澧州志》卷十四《祠庙志》，岳麓书社，2010，第401页。

⑤ 〔清〕何玉棻、魏式曾修纂《（同治）直隶澧州志》卷二《舆地志》，岳麓书社，2010，第135页。

压。《（道光）济南府志》卷五十六记载，"赵念曾，字根矩，善庆叔弟，性孝友，侍伯仲二兄疾，如事父。尝游劳山之奥区，曰：漱阳爱其胜。遂以自号。雍正间，以监生考职第一，以知县用，发往湖南……以军功擢澧州牧，修澧阳桥，民德之。楚俗多淫祀，念曾在沅，沉白帝像于江。在澧，碎五通木偶，火其庙，晓民以正义，俗为之革"。① 在这个事例中，身为澧州地方长官的赵念曾，有意扭转"楚俗多淫祀"的状况，而他所选择的打击对象就是五通神，表明五通神在其时是澧水流域民众信仰的主要对象，有着重要影响力。史书为凸显赵念曾的功绩，认为其打击五通神信仰的行为取得了显著成效，彻底革除了这一信仰的影响。但从上文的梳理中已经可以看出，这近乎是痴人说梦，其所获得的至多是一时之功效。对于更多在澧水流域任职的官员来说，他们对于五通神信仰或是置而不理，任由民众信奉，或是反而积极投身其中，参与五通祠庙的建设与维护。

五　民间信仰映射的地域文化特征

澧水流域形形色色的祠庙为数众多，这里只是选择了其中几个在当地具有重要影响力的祠庙进行考察。从这些考察中可以看到澧水流域地域文化呈现如下一些特征。

第一，澧水流域在先秦时期为楚国疆土，深受楚文化之影响，又因为屈原曾流放至洞庭湖流域，留下许多浪漫的诗篇，其中不乏对澧水的描绘，后世往往赞誉澧州等地有屈宋遗风。但是在两千余年的历史发展进程中，楚文化对于澧水流域的影响呈逐渐消退之势，其典型的表现就是屈原、申鸣、伍子胥等楚人相关之祠庙，不仅数量不多，

① 〔清〕王赠芳等修，成瓘等纂《（道光）济南府志》卷五十六，清道光二十年刻本。

且存续时间不长，如伍子胥的庙宇在唐代以后很可能就被废毁了。至于屈原的影响，则更多体现在民俗节庆方面，对于民众的信仰则影响甚微。

第二，在澧水流域民众中产生重要影响的神祠大多出现在唐宋以后，如秀峰祠、彭思王庙、谢晦庙等，这些祠庙主要诞生于澧水流域本地，其影响力亦始终未能越出澧水地区。其中出现于慈利的秀峰祠影响较大，涵盖整个澧水流域，而彭思王庙和谢晦庙的影响力分别主要局限在澧州州城和安乡一带。这表明澧水流域在唐宋以后逐渐形成了自身较为独特的地域文化体系，与其他地区有明显的区别。

第三，澧水流域从来都不是一个封闭的区域，在地理上如此，在文化上更是如此。从五通庙，甚至龙王庙的传播、分布来看，这些本身具有全国性的民间祠庙信仰，从其他地区逐渐传入澧水流域。一方面，凸显了澧水地区与全国其他地区文化交流之密切。另一方面，也显示了其他地区文化在塑造澧水流域地域文化过程中所发挥的重要作用。

第四，民间信仰基本皆起源于民间，先是在民众中广泛流行，而后得到官方的承认，获得合法性。其中，诸如五通神信仰很可能一直带有民间淫祀的色彩，具有一定的非正统性。表明澧水流域的地域文化在与主流文化保持密切联系的同时，也存在一定的异质性。

第五，特殊的地理环境对于塑造澧水流域独特的地域文化起到了重要的作用。祠神信仰的长期流传，往往与澧水流域特定的社会状况密切相关。澧水流域千百年来饱受水旱灾害之影响，故这些神灵大多具有调节风雨之功能，尤其是龙王信仰，可以说是专门针对水旱灾害问题而产生的信仰。

附　录

一　民间故事

1. 孟姜女传说

澧县的孟姜女传说[①]

秦朝的时候，出了一个暴君，叫秦始皇。这个皇帝的心狠得不得了，又好打仗。一年到头，不是打这个，就是打那个，打得人家恼火了，一齐来打秦国。秦始皇没得法，急得满屋转。他有个宰相叫李斯，给他出了个主意，在北边老山里，修一座万里城墙来挡住人家的兵马，好保住秦朝的一统江山。秦始皇一听，喜得眯起眼睛连眼珠都看不到了，连忙叫宰相传圣旨：全国上下，各家各户，不论老幼，三丁抽一，五丁抽二，一起去修长城，几时修完就几时回家。

说是三丁抽一，五丁抽二，其实，那些官差只要找到哪一个，就不管三七二十一，抓着就走。到后来，连读书人都被抓去了。

有个叫范喜郎的秀才，也被抓去修万里长城。秦始皇看他是个白面书生，认得字，也还聪明伶俐，就要他骑着自己的御马，每天三

---

①　王荫槐主编《嘉山孟姜女传说研究》上卷，湖南师范大学出版社，2012，第20页。

次，沿城墙巡察督工，再向皇帝禀告。

范喜郎谋到这个好差事，真是痴人有痴福。他也确实干得卖力，骑起皇帝的御马，顺着长城，一天跑三道，三天跑九遭，几多威武！哪里晓得城墙越修越长，从头到尾，跑一个来回就是上万里。范喜郎这个书呆子，只晓得皇帝的话就是上了铜版册，更改不得的。他不敢有半点马虎，还是一天跑三道，三天跑九遭，结果，硬是活活地把皇帝的御马跑死了。跑死了御马，这还下得了地？范喜郎心里晓得，这回不死都要脱层皮。干脆，等死也是死，还不如逃走，抓不到，算是捡条命！

范喜郎一逃，就逃到我们南方澧州来了。这一路，他见人就躲，总算没被官差抓去。有一天，范喜郎饿得裤腰带都快拖到地上了，他实在背不住了，就走到一个有人家的山坳，想去偷点吃的东西，白天又不好下手，怕人看见，只好跑到人家后花园里，躲在一棵柳树上。

这花园正是姜员外家的，姜员外两公婆膝下无子，只有一个千金小姐，叫孟姜女。怎么又姓孟呢？原来姜女小时候，她的爹爹跟一个姓孟的老倌打赌喝酒，醉得一塌糊涂，输了一半女儿给孟老倌，就改姓叫孟姜女了。到而今，我们澧州人还喜欢认干女儿，就是这个来历。女大十八变。孟姜女长得乖致得不得了，哪个看到她，没菜吃得三碗饭。长得乖，人又聪明，做什么事情，一看就晓得。

孟姜女玩心最大，人小呢，父母还不在意，长大了，两个老人就担尽了心。一天到晚，把个孟姜女看得紧夹挞缝，大门不准出，二门不准迈，上茅房还要丫鬟陪。这天，两个老人和家人们都去朝拜观音菩萨，独独把孟姜女锁在家里。孟姜女怄不过，就一个人跑到后花园里散心。天气又热，除了一个丫鬟，反正家里没外人，孟姜女就干脆把衣服脱了，到池塘里洗起澡来，陡然，发现水面上有个人影子，抬头一望，呀！柳树上坐着个白面书生。

　　孟姜女吓得不得了，躲又没地方躲，心一横，就站在水里盘问起来。

　　范喜郎躺在树上，不晓得又闯了这个祸，只好连忙爬下树，把自己的来龙去脉都告诉孟姜女，口里还直求饶。

　　孟姜女一听，这个书生是个落难的人，心也就软了，又看范喜郎长得一表人才，年纪又轻，心里就打好了主意。她先让范喜郎背过身去，连忙穿好了衣服，对范喜郎说："你无意之中闯祸，我不怪你，只是我是个女孩子家，被人看了身体，以后哪个还要我做妻子？你愿意也好，不愿意也好，从今天起，你就是我的丈夫了。"

　　范喜郎急得连忙摆手："要不得，要不得！我是落难之人，性命朝夕不保，哪里还顾得上这些事？"范喜郎抬脚就要走。孟姜女又想出一个主意，说："我们两个的事情，也是天命。今天早上，我对观音菩萨许过愿，从今天起，我见到的第一个男人，就要做我的丈夫。再说我家后花园，平素从没有别人进来，怎么你偏偏跑进来，又不迟不早碰到我在洗澡呢？观音菩萨安排的姻缘，走到哪里都跑不掉的。"

　　范喜郎正在肚子里划词儿，好找个借口脱身的时候，一个丫鬟走过来说："姜员外和家人们回来了。"孟姜女一听，又来了主意："不管你走不走，先见见我爹爹再说！"说完，霸蛮地拉起范喜郎的衣袖，一直拖到姜员外跟前。

　　姜员外看到范喜郎，又听女儿讲了刚才的事情，再一想：女儿也不小了，该嫁了。眼前这个年轻书生，看样子也老实，虽说是落难之人，但逃了这几千里远，又藏在我这里，皇宫怎么会知道？干脆招他做个上门婿，也省得我晚年寂寞。

　　姜员外去找孟老倌一商量，事情就这样定下来了。

　　好事赶时候。姜员外里里外外张罗，该挂灯笼的地方挂灯笼，该贴喜联的地方贴喜联，又吩咐家人们把各处打扫得干干净净，预备得

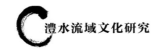

现现成成，只等到了晚上，上门女婿和孟姜女成亲。

哪里晓得姜员外家里搞得热闹喧天，惊动了孟姜女的一个老表。这家伙早就对孟姜女有意思了，只想去做上门女婿，好霸住两个老人的全部财产田地。这家伙过去一打听，凉了半截腰。眼看到手的好事被范喜郎败了，心里恨不得要吃范喜郎的肉。他一想，我得不到，也还你个得不到！他拔腿就跑到县官那里，把范喜郎的来历报告给县官，县官急忙禀告给上司，那上司正愁无法向秦始皇讨好，连忙派人去抓范喜郎。

官差们赶到姜员外家，天都断黑了。一进门，新郎新娘正在拜天地，官差们都是些抹脸无情的，管你办什么喜事，一根绳子捆起范喜郎，就解起走了。

丈夫被抓走了，孟姜女跟掉了魂似的，不吃不喝，一天到晚只是哭。姜员外、孟老倌他们也只能跟着发愁，没一点办法。过了几天，孟姜女收拾自己的东西，口口声声要到长城上找丈夫范喜郎去。三个老人吓坏了，拦又拦不住，再三劝说，还是不行。最后，三个老人只好说："女儿实在要去，我们也不敢多阻拦，只是女儿从未远离家门，这一去，怎么放得心？不如先让家人到长城上去，打听一下女婿的下落，女儿再去也不迟。"

接着，就派了一个家人，带上银子盘缠，连夜去找范喜郎去了。

从此，孟姜女就天天到屋后的山上去望家人回来。朝去暮归，每天去的时候，就搬一块石头，垫高自己站的地方。时间长了，那站的地方就筑成了一座高台，而今这座高台还在孟姜山上。那时候，孟姜女每天站在那里，刮风下雨，就撑一把油纸伞，天晴时，就把伞做拐杖拄。现在，那高台上还看得见孟姜女的两个脚印，还有她挂伞把时留下的一个小窝窝。

孟姜女天天望啊望，好不容易把家人望回来，哪知家人说，范喜郎被抓到长城去后，秦始皇叫他去抬石头赎罪，每天三根芦包、八斛老糙米，当官的又层层克扣，装个人的腰包，落到民夫手里，还剩好多呢？范喜郎是读书人，几时受过这种罪？没几天就磨死了。长城边又不准修坟墓，人家就把他葬在城墙脚下了。

孟姜女一听，哭得死去活来，一日夫妻百日恩呐，哪个看了都要伤心掉泪。

孟姜女在家里给范喜郎做了七七大祭，连孝服都没换，背把伞，挂了个包袱，就一个人找丈夫的遗骨去了。

孟姜女历尽千辛万苦，好不容易到了修长城的地方，一看，城墙两端望不到头，丈夫埋到哪里呢？孟姜女顺着长城走，边走边哭。那个哭声呐，哪个听了都不想再活了。孟姜女越哭越伤心，越伤心就越想哭。走一里，哭一里；哭一里，城墙就倒一里。哭到潼关的时候，孟姜女又饿又渴，再也走不动了，就坐在路边地上。刚坐下，脚边突然冒出一股泉水来，孟姜女晓得这里可能就是葬范喜郎的地方了，越发哭得狠，哭了三天三夜，哭得潼关的城墙都倒了。现在，这眼泉水还在，后人都喊它作"哭泉"。

长城一截截倒了，露出了数不清的白骨。哪具是丈夫范喜郎的骸骨呢？孟姜女想了个办法，她咬破自己的中指，让鲜血滴在这些白骨堆上，边滴边哭说："不是我的丈夫，鲜血顺骨流；是我的丈夫，鲜血渗进骨！"就用这个办法，孟姜女找到范喜郎的骸骨，用包袱包好，背在身后，边往回走边哭，边哭边骂秦始皇。而今，我们澧州人的风俗还是这样子，如果夫妻在一起走路的话，丈夫就要走在妻子的身后，据说这样才会夫妻恩爱到老。

孟姜女大骂昏君，哭垮了长城。差役们马上报告县官，县官马上报告秦始皇。秦始皇一听，这还得了！马上派人把孟姜女绑到他面前，孟姜女还在大哭大骂。秦始皇看到孟姜女，一肚子的火却烟消云散了。秦始皇迷上了孟姜女的美貌，想收了孟姜女做正宫娘娘。

秦始皇要宰相李斯劝一劝孟姜女，李宰相好话歹话说了几箩筐，孟姜女横竖不吐一个字，弄得平时最有计谋的李宰相都毫无办法，下不了台。

有一天，孟姜女突然对李宰相说："我答应了，带我去见皇帝吧。"

秦始皇一听说孟姜女服从了，很高兴，马上就召见孟姜女。

孟姜女对秦始皇说："我答应了，但是你得依我三件大事。"

秦始皇说："我是皇帝，什么事情办不到？莫讲是三件，就是三十件我也依你。"

孟姜女说："第一件，你要给我丈夫造一座坟墓，请高道高僧，做七七四十九天道场，念七七四十九天经；第二件，要给我丈夫烧一万担纸钱；第三件，你的文武百官都要戴孝，你和李宰相要在灵前做孝子。"

秦始皇一想，头两件事还好办点，这第三件就太难了。我是当今皇上，哪有随便做人家孝子的道理？

孟姜女又说了："这三件，你要是有一件不依，我马上就寻死。"说着，脑壳就要往石柱上撞。秦始皇一看吓慌了手脚，连声说："我都依，我都依！"他看到孟姜女，只想早点把她弄到手，还有什么不答应呢？

秦始皇就传下圣旨，请高道高僧，大搭彩棚，准备孝服和一万担纸钱。

孟姜女看范喜郎的坟墓修好了，道场也做完了，秦始皇和李斯都披麻戴孝，真做了孝子，就吩咐秦始皇点燃那一万担纸钱。

纸钱点燃了，火焰冲起十几丈高。这时候，孟姜女散披了头发，大声叫了三遍范喜郎，趁人不注意，纵身跳进了火堆。

秦始皇一看，急得双脚乱跳："来人！来人！"话还没完，一大股浓烟，早把孟姜女卷没了。后来，有人说，这股浓烟就是观音菩萨的化身，她是特地赶来超度孟姜女的，她把孟姜女化成了一团绿烟。

孟姜女死后，大家谁都不知道她的娘家在哪里，只好在潼关替她修了一座墓，而澧州人也不知道孟姜女寻夫去后，下落如何。到了明代，澧州出了一个大官，叫李如圭，在京城做尚书。有一次，皇帝叫李尚书监修一座"斗蓬江堤"，那江里江猪太多，大堤没办法下脚，限期又快到了，急坏了李尚书。一天，孟姜女托梦给李尚书，说："我们都是澧州同乡，我教你一个办法，用锅盖盖锅的样下堤脚，保你能修好。事成之后，你要在澧州为我修一座庙，好让我魂有所依。"

李尚书修好了堤，就回到澧州，修了一座姜女娘娘庙。人们都说，从那时候起，姜女娘娘就每日每夜保佑澧州人了。

2. 津市渡口镇钟相杨幺的故事集

钟相的传说①

在常德县斗姆湖乡（现为斗姆湖镇）天子岗一带，年老人都记得有这么一首民谣：

> 天也黄来地也黄，
>
> 天子岗上旗杏黄。
>
> 五色彩云天空照，
>
> 四境平安有楚王。

这首民谣唱的就是钟相，晓得不？就是造宋朝皇帝的反，国号叫大楚的那个楚王。钟相原来是个医术很高明的郎中。他身高六尺，五

---

① 湖南省文学艺术界联合会编《湖南民间故事集成》，湖南文艺出版社，2009，第110页。

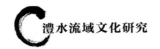

绺长须，见人一脸笑，活像庙里的罗汉菩萨。还有一门：长年四季，肩背褡裢，脚穿草鞋，云游在芷江、辰州、龙阳、潭州一带，为人家诊病。只要碰到他，会死的人都诊得话；会瘫的人也诊得能下田做工。手到病除，亚赛神仙。他的心肠比菩萨心肠还要好。几多人就为这些事喊他作"钟神仙"。

钟相走南闯北、行医诊病，为的是联络天下豪杰。辰州的、澧州的、岳州的、荆南的、上湖南、下湖南到处联络。末尾人多哒，势大哒，就索性打出了旗号，"等贵贱，均贫富"，造起宋朝的反来了。合拢人马，在天子岗安营扎寨，立哒国号叫"大楚"。他封自己叫楚王，当农民皇帝哒。接着打下了鼎州、澧州、岳州、潭州，搞得宋朝的皇帝宋高宗手忙脚乱，招架不赢。

离天子岗不上十里路，就是如今草坪乡的枫林口村，那时节枫林口村有个财主叫作刘八爷，家财万贯，牛马成群，粮食多得无挡，就是对人刻薄。他有个儿子当知府，有权有势，就是皇帝派到鼎州来的朝廷命官也怕他三分，先得送个把子"红包"作见面礼，巴结巴结他。

一天，刘八爷坐在厅堂中央的太师椅上喝茶，一个大汉带了几多保镖的伙计，大步向他走来。刘八爷一看，认得是看病摸脉的钟神仙。就说："我们街坊邻近的，走动一下就行了。千万不要破费啊。"钟相听哒好笑，就说："来看望八爷，就是要破财的哟，请跟我来。"

"请。"刘八爷跟着钟相来到大门外。只见门外黑乎乎一片人，背袋的背袋，挑箩的挑箩。钟相说："今天他们都是来找你借粮的。来呀，刘八爷借粮，尽你们的力气挑吧。"

刘八爷一下就昏死了。醒过来就喊："钟神仙你们借哒，几时还哟。"钟神仙打个哈哈说："过几天到茅厕里还你吧。"说完领着大家走了。

3. 向王天子的传说故事

向王天子①

传说南宋时候，索溪峪的天子洲有个土家族猎人叫向天胜。堂客姓商，有三个男伢儿，叫向龙、向虎、向彪；一个女伢儿，叫向凤。他们从小就喜欢练武，常常跟到爹上山打猎，练就十八般武艺。特别是射得一手好箭。

那个时候，金国侵略俺的国土，向龙三弟兄都上战场抗金去了。由于一身好武艺，把金兵打败了，皇上大喜，钦赐御宴犒赏他们，并要丞相张邦昌作陪。皇帝老爷还和向龙下了几盘棋，盘盘都打成了平局。

闲谈中，皇上问向龙："你家住在哪里？"

"俺家住在湖广天子洲。"向龙老老实实地回答。

"天子洲？"皇帝老爷吓得一惊。又问："那里地势好吗？"向龙把子②皇帝老爷喜欢他住的码头③，得意扬扬地说："不是俺夸海口，俺的屋场：水绕四门，有金水灌斗；路通八方，财宝满门；前有笔架山，后有坐椅岩，左有青龙出水，右有白虎下山；吃不完的四季果，唱不尽的神仙歌；就好比天上玉帝有，人间没得码头找。"皇帝老爷骇得又问道："那你的家势也一定很大呀？"这一问，触到了向龙的痛码头，他唉声叹气地说："万岁！俺的家势小得很喽！住的屋里是万匹玉瓦盖顶，千根金柱落脚，八十人砍柴挑水，七十人洗衣做饭；六只盐船走水，一天不到，供不到嘴巴……"皇帝老爷听后"啊"的一声惨叫，昏倒在地上哒，嘴里还直吐白泡，宰相张

---

① 湖南省文学艺术界联合会编《湖南民间故事集成》，湖南文艺出版社，2009，第110～113页。
② 把子：以为。
③ 码头：地方。

邦昌慌忙喊人把皇帝老爷抬到内宫去哒！又命令把向龙三弟兄打入了死牢。

其实，向龙讲的全是实话，兄弟三人从军哒，妹妹要出嫁哒，家里只好靠八十岁的爹爹砍柴营生，七十岁的老娘洗衣做饭，六只鸭子不生蛋，就没有钱买盐吃哒！再说屋么，盖的是茅草，权把树做柱头，棍棒做板壁。可皇帝老爷一听，竟嫉妒起来哒，自己富为天子，还没得这么大的气派呢！让这小子搞下去，还有我的天下吗？因此，他气得昏死过去哒！

可怜向龙三弟兄平白无故遭了殃，心里感到不好，骂一阵哒又哭一阵。半夜子时，牢门打开哒！进来一个白胡子老头儿，只听老头儿说："冤家对头呀！这个码头不是你们久留之地呀，快跟我逃走吧！"说完，一脚把向龙三弟兄踢出牢门外，三弟兄逃了七天七夜，才回到索溪峪天子洲。这天夜里，白胡子老头儿又给向龙托了一个梦说："大公子，你莫愁，赶快去把大事做，竖杆子，拉队伍，好日子到后头。"说完，就不见了。向龙醒后，晓得是神仙在助他的威，于是，当天夜里就约了几个猎人商量扯旗造反的大事。向龙的母亲替他们赶做了一面好大好大的杏黄旗子。第二天，他们便插在一座最高的山上（今插旗峰）。惊动了湖广一带的老百姓呢！没隔几天，就有三万人报名聚义。向龙叫大家砍树扎寨。寨子一扎起。大家便推向龙为王，说起来也怪，向龙做了寨王以后，屋后头的一园楠竹一天长三个节巴。这天夜里，白胡子老头儿又托梦给向龙说："向王天子，从现在起，三年零六个月，你必须关紧你屋里的中门，屋顶上有一条黑狗帮你守屋。三年零六个月满期这天，你用桃木弓、柳树箭向东方射三箭，那时，天下的江山就是你的哒！"第二天，向龙出门一看，屋顶上果真有一条黑狗坐在那里，眼睛朝东方看到起的。后山的那树杏黄旗越飘越响，越飘越大。向王关紧中门，日夜操练兵马，从此以后，三万人增加到十万人哒。这些兵马由四十八大将军、四十八小将军统领着，好不威武。

一天，有人向皇帝老爷报信："向龙二三弟兄在湖广天子洲扯旗造反，自封天子。"皇帝老爷一听，大吃一惊，他爬上司天监的瞭望台，拿起千里镜往南一照，只见南方一团漆黑，并没有么得可疑的地方，便笑着对左右大臣说："没有大事，不必惊慌。"他哪里晓得，是向王的黑狗把南方遮住了呢。

一日三，三日九，不觉过了三年零五个月。碰巧又是向龙的妹妹向凤出嫁回门的日子，按土家人传统习惯，女儿回门要打开中门，才会吉利。向龙想起白胡子老头儿的话，不肯开中门。可是，母亲不依，说："龙儿，我看只差一个月了，妹妹三年多才回来，开开中门碍不了你的大事。"说完，她自己把中门打开哒，向凤刚跨进门槛，屋顶上的黑狗突然骨碌碌地滚下屋来，屋后的楠竹也"噼噼啪啪"地炸开了节巴，每个节巴里面有一人一枪一马，有的一脚蹬上马鞍，正准备出征，脑壳往下一搭就死了。向龙三弟兄骇慌哒，赶快朝东方射三箭，向龙一箭射到皇帝老爷的床门前，只差尺把远就射中哒。皇帝老爷一惊，大喊一声："抓刺客！"文武大臣赶来，一点事儿也没有，只好去上早朝，龙案上还没坐稳，"叭！"向虎又一箭射到龙案上，也只差尺把远就射中哒！皇帝老爷更加惊慌哒！正准备退朝。"嗖！"向彪的一箭从皇帝老爷的耳边擦过去，只差寸把远就射中哒，骇得皇帝老爷丢魂落魄。张邦昌跑到皇帝老爷耳边说："我看一定是向龙三弟兄干的！""啊！"皇帝老爷相信他的话哒。跑到司天监的瞭望台拿起千里镜一照：啊！搞拐哒，南方没有黑云哒，向王的旗子迎风招展，十万大军威武雄壮。他连忙命令天波府杨金花带兵三十万征剿南方叛逆。杨金花点齐两女三媳，日夜赶路，又把洞庭节度使杨某的一万人马带上，赶到索溪峪扎下营盘（今军抵坪）。向王得到消息后，立刻

点齐十万兵马，在今百丈峡接火桥上与杨金花打了九十九仗，仗仗都打赢哒！

杨金花见每仗都败，愁了三天三夜，突然，想出了一个坏主意。第二天，带上她的赤身露体的大女儿赶到向王的大营喊阵说："哪个愿归顺朝廷的，我把长女许配给他，保他封子荫妻，享荣华富贵。"向王见她耍"美人计"讨战，一怒之下，将杨金花的裸体长女砍成两截。杨金花不但不发火，反而说："长女死了，还有小女更漂亮，有识时务的，便来投营吧！"说完，又把小女推出阵前亮相后，拨马回头走哒，哪晓得向王手下有个大将爱上了杨家闺女的姿色和高官厚禄。趁向王熟睡的机会，把哨兵杀死哒，带上军事地图偷偷地投了杨金花。杨金花趁向王不备时，带兵血洗了向王兵营，可怜十万大军都遭杀身之祸，只有向龙三弟兄杀开一条血路，从插旗峪逃到黑槽峪，又从黑槽峪跑到白虎堂，从白虎堂又逃到施家峪，从施家峪逃到索溪峪。这时，白胡子老头儿拦路挡道说："大王，这条路不通，请止马！"（今止马塌）向王只得往干溪沟而去，没走好长时间，只听战马一声嘶叫，三弟兄低头一看，只见马前横下一条万丈高的深涧，两山相隔约八九丈远，无法过去。此时，后面追兵喊声大作，向王正一筹莫展的时候，忽然，天空中飘下三个仙女，她们解下腰间的彩带，向对岸一抛，立刻化成一座天桥（今仙女桥），三弟兄平安地过去了。弟兄三人刚过，三个仙女即刻变成三座山峰（今三女峰）。杨金花追到桥边一看，敢望而不敢过，只好调转马头，另找小路追击。

向龙三弟兄逃到神堂湾，见大势已去，悲伤极哒。这时，又遇到了白胡子老头儿。白胡子老头儿说："你们不听我的话，提早开中门，误了大事，你们再到神堂湾修炼一万年吧！"说完，又不见了。向龙三弟兄一齐跳下神堂湾修炼去了。

4. 临澧关于李闯王的民间故事

李自成的传说①

李自成从湖北来到湖南，率领他的残部，渡过澧水，进入新安、合口一带，当时，起义军有很多军旗，到合口时，为躲避清兵追击，李自成传令把军旗收起来一部分，点火烧了。后来，烧旗的地方，老百姓叫作"化旗挡"。大部分军旗烧过后，他又拖起队伍朝前走，后面的清兵追到新安镇时，他下令丢掉军旗，只保存一面大军旗，隐蔽前进。这丢军旗的地方，后被称为"撂旗垭"。队伍行进到一个大山垭，眼看清兵追得更近了。李自成便下令把大军旗插在山埂上，以诱惑敌人，队伍偷偷撤走。清兵追到这里，看到山上插有一面军旗，四周不见动静，以为设有埋伏，便停止追赶，等到摸清虚实，已找不到起义军的去向。后来百姓把这地方叫"插旗垭"。

李自成从牯牛坝走到乐二里七重堰附近（现今修梅乡顺水村），已是饥肠辘辘。随从和自成走到一个茅檐庵里，煮熟了饭，却没有菜，随从想找老板弄点菜下饭，自成却说，田沟里有的是小鱼。随便弄点来就行，何必麻烦百姓呢？随从只得照办。自成吃得笑哈哈地说："鱼味美，饭喷香，饱餐一顿上山冈！"饭后行路，自成精力格外旺盛。尽管爬山越岭，他却毫无倦意，当他爬过牛头山又上一个小山头时，随从请他"歇驾"。他休息一刻儿便继续前进。后人为纪念李自成，把这座山取名"歇驾山"（今杉板乡歇家村地）。

---

① 临澧县史志编纂委员会编《临澧县志》，中国社会出版社，1992，第769页。

二　经典诗文

1. 《九歌·湘夫人》（节选）

〔先秦〕屈原

袅袅兮秋风，洞庭波兮木叶下。

登白薠兮骋望，与佳期兮夕张。

鸟何萃兮蘋中，罾何为兮木上？

沅有芷兮澧有兰，思公子兮未敢言。

2. 《武溪深行》

〔东汉〕马援

滔滔武溪一何深！

鸟飞不度，兽不敢临。

嗟哉武溪多毒淫！

3. 《澧头送蒋侯》

〔唐〕岑参

君住澧水北，我家澧水西。

两村辨乔木，五里闻鸣鸡。

饮酒溪雨过，弹棋山月低。

徒闻蒋生径，尔去谁相携。

4. 《江中望月》

〔唐〕卢照邻

江水向涔阳，澄澄写月光。

镜圆珠溜彻，弦满箭波长。

沉钩摇兔影，浮桂动丹芳。

延照相思夕，千里共沾裳。

5. 《送南涪州量移澧州序》

〔唐〕柳宗元

越有纳官之令以胜大敌，汉有羽林之制以威四夷。国家宠先中丞，迈古人之烈，故君自未成童，品常第四，人犹曰于古为薄。汉北地都尉印，以不胜任陷匈奴，而子单侯于鲜。济北相韩千秋以匹夫之谅，奋触南越，而子延年侯于成安。君之土田之锡，犹挫于有司之手。始由施州为涪州，扞蜀道勃寇，昼不释刃，夜不释甲，曰："我忠烈胤也，期死待敌。"敌亦曰："彼忠烈胤也，尽力致命，是不可犯。"然而笔削之吏，以簿书校讨赢缩，受谴兹郡，凡二岁。

朝廷建大本，贞万邦，庆泽之濡，洗濯生植，又况涪州家声之大，裕蛊之志，宜尤被显宠者也。自汉而南，州之美者十七八，莫若澧。澧之佐理，莫逾于长史。以是进秩，人犹曰且有后命。永州多谪吏，而君侯惠和温良，故其欢愉异于他部。优诏既至，而君适雠于文。其往也独，故凡美慕之辞，无不加等。

噫，以君承荷之重，恭肃之美，四方之求忠壮义烈者，将于君是观。凡君子之志，欲其优柔而益固，愤悱而不忘，以增太史世家之籍，用是为贶，则拱璧大鼎，乌可以言重乎！

6. 《澧阳楼记》

〔南宋〕楼钥

绍熙四年三月戊寅，澧州澧阳楼成，于是太守王侯承甫，以书属余为记。且曰：澧之为州，始于开皇。后虽废置不一，而柳河东谓自汉以南，州之美者十七八，莫若澧，则在唐已为名郡。国朝建隆四年，始脱僭窃之余而为王土。乾德二年，始隶荆湖北路。东接洞庭，西连施黔，武陵在其前，江陵在其北，为湖广之孔道。承平日久，户口滋蕃，岁输米以斛计者十五万。养禁旅至三千有畸，盛矣。建炎之末，妖民弄兵倡乱，加以剧寇一再攻陷，民居、官府荡为埃煤，因以饥馑，几无噍类。盖六年而后定，翦除榛棘，招集流散，仅复城郭之旧，今六十余年矣。米输犹不及盛时十一，屯兵百余人，而郡治尤逼小。黄堂之前，重门相去不能寻丈。外逼郡城，又有酒垆相直，才于东偏启一门以通出入，心窃隘之。访诸故老，或曰：酒垆之后旧为城门，兵毁以来，闭塞至今，倘辟而新之，郡之气且伸，吾民其庶几乎。士民援以请，为告于部使者，始作新门。酒垆既迁，斸其故基，则古甃宛然，言益有验。节费以为资，募民以供工，官吏劝趋，日以就绪。外凿城雉，上建华屋，即前日之外门为仪门，而撤其旧，于是治事之厅始得轩豁宽敞，而前无蔽障，得以挹兰江之秀，俯仙明之洲。经始于去年之十二月庚申，至是讫工，合乐以落之。气象焕然，顿还旧观。不敢自以为功也，要不可以不纪。

余因为之太息曰："今为之郡者，或能以廉白自喜，则于营缮之事，一切置之，恐以扰民而招谤，不问其事之当为与否也。前后相承，谓非吾责。若此楼之于澧阳，是可已乎？"余与侯，世有道义之好，又为世姻。侯之兄弟，皆承清白之传。侯里居时，恂恂然一长者，而莅官遇事，人有难及。莆田剧邑，谈笑办治。兹试彤郡，谓将日不暇给，而能振起固陋，兴五纪之阙典，开一郡之眉目，是可记也。

又考之地志，是邦有浮丘子采药之仙踪，李群玉读书之遗迹，又楚之申明以忠孝著，晋之车武子以学术显，皆其郡人也。先是，层楼横前，重扃瓮底，士气亦因以不扬。是役也，岂惟于阴阳家之言有利于郡，其必有秀士为时而出者。侯于是时勤抚以致其庶，尚俭以益其富，辟庠序以教之，后来者又能继此，将寖复承平之盛而贤能以兴，实自侯发之。侯名正功，四明人，承甫其字也。

7. 《和澧州喜雨韵》

〔南宋〕杜范

秋色在何许，浮岚叠翠间。

江清双鸟渡，天阔片云闲。

雅量肩文举，新诗压子山。

更深听远溜，哦咏答潺潺。

8. 《澧游记》（节选）

〔明〕袁中道

去予里孟溪一舍，为涔水，《楚词》所云"涔阳极浦"者也。两岸多垂杨，渔家栉比，茂树清流，真可销夏。出斑竹大士浦，即涔水入澧之处。按澧水出充县西历山，今九溪是也。至慈利，与溇水会，称溇澧；至石门，与渫水会，称渫澧；至澧州，与涔水会，称涔澧；过此至安乡，与澹水会，称澹澧，王仲宣所云"悠悠澹澧"者也。澧居江沅之中，与九水分源合派，以赴洞庭，而虞喜以为江沅别流，误矣。独《禹贡》导江有"东至于澧"一语，吾友雷太史何思疑今江路不蒙，作《公安志序》，曾拈以问中郎，中郎亦未及答。至今思之，当怀山襄陵之时，云梦一壑，故江身不可复辨。禹之导水，必于高阜之处有山可识者，乃可施疏瀹之功。自夷陵以下，高阜而多山者，宜莫如澧。由澧导之，从九江以至东陵。九江，今江湘九水是也。东陵，今巴陵也。江偕九水入洞庭，以趋浔阳，云梦始出，而江洪之在云梦中者，始了了可辨，江始分而为二。郦道元注《水经》，于江陵枝回洲之下，有南北江之名，即江水由澧入洞庭道也。陵谷变迁，今之大江，始独专其滂湃，而南北之迹稍稍湮灭，仅为衣带细流。然江水会澧故道，犹然可考，无足疑者。

从涔澧交会之处，西上十余里，有千家之聚，名曰津市。对岸为彰观山，道书四十四福地，宋明道中黄、范二仙飞升处也。其水直下千尺，洞见石底。石上绿苔如髯鬣，如长帚尾，随风荡漾，潜鳞动介，翕翕可拾。昔郦道元谓"茹水注澧，漏石分沙"。茹水出今慈利龙茹山，注于澧，此去甚远。所谓漏石分沙者，湛然无以异也，则凡澧皆然，不独茹溪矣。层峰相接处，唇忽出，人家住其上，松柏蓊郁。舣舟闲步树中，枕山阿有寺，倚崖临流，乔松曲抱。陟颠见领袤诸山，松云娇姹，惟此如小儿头上髻，树不能障，可望远水如聚雪。此处山空水碧，去予里至近，行年四十，乃一至，岂非以入华阳国中，被以邸第之名，故令福地埋没，遗之蜡屐外耶？可叹也！

9. 《秀峰山》

〔清〕许湄

澧水一湾千涧落，秀峰六插半云齐。

吼声怒卷滩头雪，疑是当年振鼓鼙。

10. 《养在深闺人未识——失落的风景明珠》

吴冠中

张家界，是湖南大庸县北部的一个林场，很少有人知道它。我这回因事，顺便到湘西写生，旅途匆匆，人们给我介绍张家界林场，我先是姑妄听之，后来不少当地同道再三推荐，我才下决心去看看。因为我有过别人介绍风景如何好到头来大失所望的经验。这次看到张家界林场，却意外地使我非常兴奋，如获失落在深山的明珠。

随林场公路登山，数个拐弯，地貌突然大变，峰峦陡起，绿树叠翠，这里是湖南真正的桃花源了，立即引人进入了奇异幽深的世界。这里的秀色不及桂林，但峰峦比桂林神秘，更集中，更挺拔，更野！桂林凭漓江倒影增添了闺中的娟秀气；张家界山谷间穿行着一条曲曲弯弯的溪流，乱石坎坷，独具赤脚山村姑娘的健壮美！山中多雨意，雾抹青山，层次重重，颇有些黄山风貌，但当看到猴子爬在树顶向我们摇晃时，这就完全不同于黄山的情调了。还有那削壁直戳云霄，其上有数十亩数十亩的原始森林，我们只好听老乡们讲述他们曾经攀登的惊险故事而望林兴叹。

张家界林场位于澧水上游，我们不了解连绵不断如此密集的石峰在地质上的价值，但谁都对其间的奇树异草和珍禽怪兽感兴趣。这里有一种自己长有水囊储水的背水鸡，这是闻所未闻的。我先不知有虎有豹，一进山急匆匆就往石林和树林深处钻，是被景色美入迷了。石峰石壁直线林立，横断线曲折有致，相互交错成文章，不，可以说是"画章"吧。人们习惯于以"猴子望太平"、"童子拜观音"等等形象的联想来歌颂自然界形式之美，还往往要用"栩栩如生"来形容其酷似，其实许多石头本身就很美，美就美在似与不似之间。张家界的石峰名堂可多了，什么秦始皇的"金鞭"，什么"三姐妹"……美丽的故事由人们的想象自由去创造吧！

为了探求绘画之美，我辛辛苦苦踏过不少名山。觉得雁荡、武夷、青城、石林……都比不上这无名的张家界美。就以峨嵋来较量，峨嵋位高势大，仗势吓人，其实并没有张家界这么突出的特色，至少大多数美术工作者将同意我的看法的。

据说由于这数十里的山势像一匹奔腾的烈马，故又名马鬃岭。马鬃岭也好，张家界也好，都尚未闻名，等待游人们为这绝代佳丽起一个更贴切的芳名。

（原载《湖南日报》1980 年 1 月 1 日"朝晖"副刊）

三 精品艺术

1. 澧州大鼓

澧州大鼓原名"丧鼓",又名"孝鼓",早期因专为办丧事的人家夜晚守灵时演唱,故名"孝鼓"。后来普及到茶社、酒楼、书场等专门供曲艺人员献艺的营业性场所,通称"大鼓"。大鼓一般由一人或二人轮流演唱,唯一的伴奏乐器就是一面大鼓和两根鼓槌。唱词基本为七字句,要求从头到尾一韵串(即"楼上楼")。常用的韵有十个半韵:天、地、人、和、龙、虎、豹、豺、黄、花、黑(为半个)。其声腔体系为"丧鼓调""大鼓调"两类,"丧鼓调"是指那些"请神劝亡"的曲调,由于它曾在很长的时间内在孝堂伴之闹丧,也就形成了一套完整带有"悲苦""吟诉""祈祷"特点的声腔体系;"大鼓调"是指说"正书"时采用的曲调,其音乐结构与歌词吻合,形成上下句式关系。澧州大鼓的唱腔体系可分为一流板、二流板、三流板、慢板、数板等板类,每一板类又有多样的"腔",如一流板有"平腔""硬腔";二流板有"软腔""讨米腔";三流板有"流水腔""哈哈腔";慢腔有"大悲腔""大颂腔";数板有"垛子腔""吟诉腔"等。澧州大鼓曲调变化多样,节奏鲜明,以及由于敲打的部位和力度的不同而产生的鼓声音调的灵活多变,不仅使艺人的演唱显得抑扬顿挫,声情并茂,而且能使观众产生共鸣,增强曲调的艺术感染力。其代表曲目有《送哥郎》《三兴瓦岗》《天宝图》等。①

2. 荆河戏

荆河戏是一种地方戏的大剧种,流行于湖南澧水流域各地,以及

---

① 政协澧县学习文史委员会编《澧州文化之旅:地方风俗与民间艺术》,湖南人民出版社,2005,第 139~140 页。

湖北的松滋、江陵、公安、石首、监利等地，贵州的铜仁，四川的秀山、酉阳等地也有流行。荆河戏早期以庙戏、会戏和草台戏为主，辛亥革命以后，津市、沙市等地修建戏院，部分戏班进城驻院演唱，大部分戏班仍长期在农村演唱。荆河戏传统剧目比较丰富，有《打跛骡》《火烧绵山》《反武科》《寒江关》等。新中国成立后，在挖掘继承传统剧目的基础上，又上演了新编古代故事戏《将相和》《钟离剑》和现代戏《白毛女》《血债血还》《红灯记》等。荆河戏有昆腔、高腔和弹腔三种声腔，以弹腔为主。弹腔分南路、北路和特定腔调。南路细腻婉转，北路高亢刚劲，特定腔调跌宕多变，各具特色。

　　荆河戏素重做功，讲究内、外八块的功夫。"内八块"练吉、凶、祸、福、喜、怒、哀、乐的内在表情，"外八块"练头、身、手、腿等外形程式。面部表情重"抖色"和眼功。"抖色"即变脸，演员在处理人物感情的面部变化时，由本脸逐渐变红。眼功有"轮眼"、"转眼"、"斜眼"和"二马分珠"等多种运用。尤其是高方巾、罗帽、翎子、须发等功，结合头、手、腿功的巧妙运用，形成各种姿态优美的"拗马军"表演和花脸面部的抖"壳子"等，具有剧种特色。[①]

3. 桑植民歌

　　桑植民歌起源于原始农耕时期的生产劳动，质朴、粗放、风趣、诙谐是其主要艺术风格。经过千百年的锤炼，桑植民歌在高唱低吟中显现了独特的艺术魅力。概括起来，它有两方面的价值，第一，社会文化方面。桑植民歌是桑植特有的地理环境与封闭半封闭的生存状态的产物，至今保留着较多反映原始宗教（如傩腔、薅草锣鼓）的歌谣。其中的三句体歌词结构为研究中国民歌的多样性提供了珍贵的资

[①]　湖南省文化厅编《湖南戏曲志（简编）》，湖南文艺出版社，2013。

料和范例，体现了桑植人崇"三"的朴素哲学思想。第二，艺术特征方面。桑植民歌分为山歌、小调、礼仪歌、傩腔等，涵盖了传统民歌的多种体裁。其曲式结构严谨，曲体多样，尤其是衬词的运用，使民歌在烘托气氛、揭示人物内心情感等方面达到了极高的艺术境界。此外，桑植民歌特殊的润腔方法和声乐演唱技巧，极大地丰富了民歌演唱理论，为声乐演唱提供了独特的范例。代表性曲目如《板栗开花一条线》《四季花儿开》《门口挂盏灯》《冷水泡茶慢慢浓》《马桑树儿搭灯台》等已成为中国民歌宝库中的经典。①

4. 澧水船工号子

澧县位于湖南北部、洞庭湖的西缘。这里是湘西北重镇，有"九澧门户"之称，明清时代成为重要的商埠码头，是整个湘西北物资进出的集散中心。由于特殊的地理环境，这里的长途运输只能靠水路船运，澧县境内的澧水、涔水、道河沿岸的劳动人民大多以行船运货为生，船舶近千，桅杆林立，船工不足一万也有八千，每只大型木船的纤夫不少于二十人。在逆水行船拉纤的过程中，为了集中力量，振奋精神，统一步调，自然而然出现了一种由地方小调转化成的独特的劳动号子，这就是澧水船工号子。

澧水船工号子以反映船工们的苦难生活和劳动场面为主题，没有固定的唱本和唱词，也不需要专门从师，全凭先辈口授，代代相传。这些号子大多因时因地因人即兴而起，脱口而出，虽然比较通俗，但豪气冲天，充满了艺术魅力。其句式分七字、五字两种，一般是由一人领唱，众人合唱，气势磅礴，浑厚有力。另外，也有专门唱给船老板和旁观者听的号子，如"高山乌云即刻到，拉纤好比过天桥。泥烂路滑难行走，汗水雨水流成槽""风儿吹来河儿弯，情哥搭信要鞋

---

① 周和平主编《第一批国家级非物质文化遗产名录图典》上，文化艺术出版社，2006。

穿"等等。由于地域不同，澧水船工号子可分为上河腔和下河腔两种。上河腔在石门以上、桑植以下的地区唱。由于这里山高水急，河面狭窄，滩头礁石较多，行船运货十分艰险，故船工号子高亢有力、节奏明快、衬词多于唱词，富有大无畏的战斗精神。该类船工号子以摇橹数板为主。澧水船工号子原随商船的产生而形成，又随商船的发展而发展，随木板商船的消失而濒危。改革开放以来，交通事业突飞猛进，汽车、火车运输取代了澧水流域的水上运输，百分之九十的船民早已改行，另谋生路，船工拉纤已成陈迹。老一辈的船工也因年事已高，相继离世，在此情形下，曾经名扬中外的古老的澧水船工号子正濒临失传的危险。①

5. 土家族《摆手歌》

《摆手歌》是土家族的民族史诗，主要包含《天地、人类来源歌》《民族迁徙歌》《农事劳动歌》《英雄故事歌》四个部分。《摆手歌》是土家族原始文化的综合体，涵盖了该民族历史、地理、语言、文化、哲学、风俗等不同领域，通过发挥想象力，运用生动质朴的语言体现土家族群体意识，并且借助神话传说，表现土家族人民朴素的审美价值观，寄寓对未来生活的美好憧憬。②

6. 土家族打溜子

土家族打溜子又称"围鼓""打家伙""抽溜子""打十盘鼓""打家业""打点子""打路牌子"等，是土家族聚居区流传最为广泛的一种古老的打击乐合奏形式，历史悠久，流传的曲牌繁多，表演者技艺精湛，极具表现力和观赏价值。土家族打溜子是土家族人民文化生活的精粹，在红白喜事、寿诞庆典、传统节日中，打溜子是活动中

---

① 周和平主编《第一批国家级非物质文化遗产名录图典》上，文化艺术出版社，2006，第111页。

② 杨快：《土家族主要古籍及其文化研究》，武汉大学出版社，2018，第63~64页。

重要的一部分。打溜子形式多样，手法灵活，在缓急、轻重、厚薄之间，表现出各种生动的形象和情趣意境。打溜子乐队由溜子锣、头钹、二钹和马锣四件打击乐器组成，后也有加唢呐演奏的情况。打溜子曲目繁多，种类丰富。①

7. 土家族咚咚喹

咚咚喹是土家族一种极其古老的簧管气鸣乐器，主要流传于土家族聚居区。考古发现表明，其起源于 6500～7000 年前的新石器时代早中期，经历了漫长的发展过程，从只能吹一个音的骨哨演变为能吹两个音的鸟哨，最后形成三孔一筒音的咚咚喹。

咚咚喹制作简单，取直径 1 厘米长约 10～14 厘米的细竹尾为管体，上端留节，在节下削簧凿孔，形成三孔一筒音。咚咚喹发音清脆明快，打音、颤音兼备，由模拟鸟语虫鸣、风吹泉流之声而形成写意性的音乐语汇和固定的曲牌，主要有"乃哟乃""拉帕克"等。2008年经国务院批准列入第二批国家级非物质文化遗产名录。②

8. 土家族《梯玛神歌》

《梯玛神歌》是土家族祭祀风俗中的一种古老的土语歌。梯玛即土老司（巫觋），神歌即敬神活动中演唱的歌，流传于湖南西北部的龙山、永顺、张家界等土家族地区。梯玛神歌内容广泛，有《人类起源》《土家迁徙史》等，还有一些曲目是反映劳动知识，叙说民间传说、故事等的。表演时，梯玛手摇铜铃，口吹牛角，或舞动司刀（巫师作法时使用的道具），边唱边念，边做动作（配以舞步）。梯玛神歌的句式较为灵活，以七字句为基本句式，也有六

---

① 国家民委文化宣传司组织编写《国家级少数民族非物质文化遗产集解》，中央民族大学出版社，2014，第 88～89 页。
② 王文章主编《第二批国家级非物质文化遗产名录图典》（一），文化艺术出版社，2015，第 222～223 页。

字、十字等不同句式。曲调的旋律性不强，具有似唱非唱的吟诵风格。①

四　旅游景观

1. 武陵源风景名胜区

武陵源风景名胜区．位于湖南省西北部的武陵山脉，包括张家界森林公园，索溪峪自然保护区和天子山风景区。总面积 360 平方公里。这里的地层以红砂岩、石英砂岩为主，经过亿万年地质变化、水流切割、风化剥蚀，形成罕见的砂岩峰林峡谷地貌。数以千计的奇峰怪石平地拔起，形态各异，矗立于金鞭溪、索溪等峡谷两侧。峰顶奇松挺秀，灌木丛生，时有云雾缭绕，景色迷人。景观特点被群众概括为"野、幽、奇、险、秀"五个字。景区内不仅山水奇秀，野生动植物资源也十分丰富。还有张良墓、马公亭、朝天观、龙凤庵等人文景观。②

2. 五雷山道教风景区

五雷山地处慈利县东部，主峰距县城 20 余公里，距张家界市城区 120 公里，距武陵源区人民政府驻地 90.6 公里。原名大维山，因主峰金顶分出数脉，呈辐射状伸出，有如《淮南子·天文训》中的"地维"，故名。因山高，又系雷区，"雷扫其殿，钟鼓自鸣，尘埃自净"，故更名五雷，又名岳雷。曾有"北武当，南五雷"之说，意为两山齐名。景区面积约 100 平方公里。枝柳铁路纵穿其西，1801 省道横贯其南。有公路、便道与山下相连。据《五雷山碑记》载：唐朝

---

① 湖南省文化厅编《湖南曲艺音乐集成》，湖南文艺出版社，2009，第 1412 页。
② 湖南省地方志编纂委员会编《湖南省志》第二十八卷《文物志》，湖南出版社，1995，第 414 页。

"仙人李靖实创始之，元至正间词林张公兑，归隐兹山布施福地"。明万历后期，常德荣定王和澧州华阳王建宫殿三十六座。据传，神宗帝得知后，封五雷山为"洞天福地"。此后朝会鼎盛，成为规模宏伟的道教圣地。清代改为"内八家，外八家"。民国时期称"内有八家，外有十七宫"，中华人民共和国成立后，曾保护维修。"文化大革命"中被破坏，1979年开始修复旧观。到1994年，部分宫殿修复。五雷山的道观，依地势纵列于崖沿、岭脊、峰顶，横布于山坡，与自然风光交相辉映，引人入胜。①

3. 壶瓶山风景区

壶瓶山在湖南石门县与湖北省五峰、鹤峰三县交界处。主峰海拔2098.7米，为湖南省第二高峰。其峰顶四周高，中间低，形如瓶口，故名。山总面积665平方公里，海拔千米以上高峰26座，溪河7条蜿蜒其间。锦峰秀岭，溪河交错，深峪幽壑，怪石嶙峋。构成了"千丈壁""铜人岩""金蟾望月""雄鹰展翅""仙人守龙门""玉兔下金河""龙门洞瀑布"等惊世奇观，荟萃成气势磅礴的山水展览馆。山中动植物资源丰富，木本植物有323属834种，其中国家一、二类保护植物13种。②

4. 夹山国家森林公园

夹山在石门县城南8公里处，为武陵山余脉，海拔159.7米。因两山对峙，齿衔交错，一道中通而得名。奇峰异岭，群峦叠翠，森林覆盖率达93.6%，植物达65科700种，其中国家珍贵树种20种。野生动物百余种，列入国家保护动物名录的珍稀动物10种。成为我国江南重要的天然动植物园。山中多溪流、岩泉、怪石、古洞、苍松、

---

① 湖南省地方志编纂委员会编《武陵源风景志》，湖南人民出版社，1998，第121～122页。
② 王邦杰主编《湖南古今名胜词典》，湖南科学技术出版社，2010，第385页。

翠竹，山光水色，独特别致，名胜古迹，遍布其间。①

5. 澧州文庙

澧州文庙在澧县城关镇。据清《直隶澧州志》载：宋建学宫（即文庙），在城南里许；元代张子仁重修，学士姚燧为作记；明初知澧州府史希贡创大成殿及廊庑；明末毁于兵燹。清顺治六年（1649），守道王燧倡修恢复，嘉庆、道光和光绪年间都进行过较大的维修，现有建筑由头门、棂星门、大成门、大成殿、崇圣殿等五部分组成，两侧有庑殿、钟鼓楼等。砖木结构，占地面积7000平方米。②

6. 城头山古文化遗址

澧县城头山古文化遗址地处澧县车溪乡南岳村，占地面积约187000平方米。1991~2001年，在湖南省考古研究所主持下，先后进行了11次考古发掘，共揭露面积近7000平方米，出土文物16000余件，是迄今为止发现的中国年代最早、保存最完整、内涵最丰富的古城址，先后两次被评为全国十大考古新发现。1996年被评为全国重点文物保护单位。重要遗址有东北部古稻田，一、二期城墙，水沟，水坑和祭坛。③

7. 红二、六军团长征出发地旧址及红二方面军出发地纪念碑、纪念馆

红二、六军团长征出发地旧址分别位于桑植县刘家坪乡、瑞塔铺乡。中央红军长征时，红二、六军团在湘鄂川黔广大地区出色地完成了创建革命根据地、牵制敌人、策应中央红军等重大使命。1935年10月，中央红军到达陕北后，蒋介石调集30万兵力向湘鄂川黔革命根据地发动新的更大规模的"围剿"。1935年11月，中共湘鄂川黔

---

① 王邦杰主编《湖南古今名胜词典》，湖南科学技术出版社，2010，第385页。
② 湖南省地方志编纂委员会编《湖南省志》第二十八卷《文物志》，湖南出版社，1995，第438页。
③ 澧县地方志编纂委员会编《澧县志（1978—2002）》，方志出版社，2010，第639页。

省委和军委召开会议，决定退出根据地实行战略转移。11 月 19 日凌晨，红二方面军（红二、六军团）主力两万余人分别从刘家坪、瑞塔铺出发进行长征，1936 年 10 月到达在甘肃将台堡。1986 年，在距旧址不远的刘家坪村干田坝建立了红二方面军长征出发地纪念碑、纪念馆，王震题写碑名，廖汉生题写纪念馆馆名。旧址于 2013 年被公布为全国重点文物保护单位。①

8. 贺龙故居

贺龙故居在桑植县城西北 13 公里的洪家关，清光绪二十二年（1896）三月二十二日，贺龙诞生在这里，并在此度过童年和少年时代。故居由贺龙的祖父贺良仕建于清末，民国 5 年（1916）贺龙捣毁芭茅溪盐局、组织农民武装后，故居于次年 7 月 27 日被反动派烧毁。民国 8 年（1919）贺龙的父亲贺士道在原地基重建。民国 17 年（1928）2 月贺龙回洪家关领导桑植起义，次年率部转移后，11 月 24 日故居再度被反动派烧毁，仅剩槽门残墙。1967 年，故居残墙、地基被平毁。1978 年按原貌复建。

故居坐北朝南，木质结构，有大小房屋 6 间，建筑面积 120 平方米，右侧另有马厩牛栏。故居前有木石结构的槽门，四周有围墙。现故居内右厢房贺龙的卧室、左厢房贺龙父母的卧室和堂屋等均作复原陈列。1979 年 6 月在故居左侧新建陈列室一栋，面积 160 平方米，展出文物 50 多件。② 2005 年 11 月公布为全国爱国主义教育示范基地，2006 年公布为全国重点文物保护单位。

---

① 湖南省文物局编《湖南革命文化遗产图典》，岳麓书社，2016，第 457 ~ 458 页。
② 湖南省地方志编纂委员会编《湖南省志》第二十八卷《文物志》，湖南出版社，1995，第 762 页。

参考文献

1. 〔清〕安佩莲、孙祚泰、陈融观:《（道光）直隶澧州志》卷四《风俗》，道光元年刻本。

2. 〔东汉〕班固:《汉书》，〔唐〕颜师古注，中华书局，1962。

3. 〔明〕陈光前:《（万历）慈利县志》，明万历刻本。

4. 〔宋〕范晔:《后汉书》，李贤等注，中华书局，1965。

5. 高守泉校注《〈澧纪〉校注》，名家出版社，2010。

6. 高守泉主编《康熙〈澧州志〉校注》，名家出版社，2020。

7. 韩茂莉:《中国历史地理十五讲》，北京大学出版社，2015。

8. 〔清〕何玉棻、魏式曾修纂《（同治）直隶澧州志》，岳麓书社，2010。

9. 湖南省志编纂委员会编《湖南省志》第二卷《地理志》，湖南人民出版社，1986。

10. 〔清〕稽有庆修，魏湘纂《（同治）续修慈利县志》，清同治八年刊本。

11. 津市志编纂委员会编《津市志》，教育科学出版社，1993。

12. 鲁西奇:《区域历史地理研究:对象与方法——汉水流域的个案考察》，社会科学文献出版社，2019。

13. 〔宋〕欧阳修:《新五代史》，〔宋〕徐无党注，中华书局，1974。

14. 〔清〕潘相原:《澧志举要校注》，应国斌校注，湖南人民出版社，2011。

15. 桑植县地方志编纂委员会编《桑植县志》，海天出版社，2000。

16. 〔梁〕沈约：《宋书》，中华书局，1974。

17. 石门县地方志编纂委员会办公室编《石门县志》，中国文史出版社，1993。

18. 〔宋〕司马光：《资治通鉴》，中华书局，2011。

19. 〔汉〕司马迁：《史记》，中华书局，1959。

20. 〔元〕宋褧：《燕石集》，载《景印文渊阁四库全书》第 1212 册，台湾商务印书馆，1983。

21. 〔明〕宋濂：《元史》，中华书局，1976。

22. 〔清〕苏益馨修，梅峄纂《（嘉庆）石门县志》，清嘉庆二十三年刊本。

23. 〔民国〕田兴奎修、吴恭亨纂《（民国）慈利县志》，民国十二年铅印本。

24. 〔元〕脱脱等：《宋史》，中华书局，1977。

25. 〔清〕王基巩：《（康熙）安乡县志》，清康熙二十六年刻本。

26. 〔唐〕魏征、令狐德棻：《隋书》，中华书局，1973。

27. 〔民国〕吴恭亨纂修《（光绪）慈利县志》，光绪二十二年刻本。

28. 〔清〕叶琼纂修《（康熙）慈利县志》，康熙二十四年刻本。

29. 〔清〕余丽元等纂修《（光绪）石门县志》，清光绪五年刊本。

30. 袁家荣：《湖南旧石器时代文化与玉蟾岩遗址》，岳麓书社，2013。

31. 〔宋〕曾公亮等：《武经总要》，辽沈书社，1988。

32. 〔清〕张绰修，曾之亨纂《（乾隆）安乡县志》，清光绪六年补刻本。

33. 〔清〕张廷玉等：《明史》，中华书局，1974。

34. 〔清〕赵尔巽等：《清史稿》，中华书局，1977。

35. 〔明〕钟崇文：《（隆庆）岳州府志》，明隆庆刻本。

36. 〔清〕周来贺修，卢元勋纂《（同治）桑植县志》，清同治十一年刊本。

后　记

　　《澧水流域文化研究》一书是"湖南流域文化丛书"中的一部，撰写分工为第一、二章：马延炜；第三至第六章：李超；附录由马延炜、李超合编，马延炜统合了全部书稿，并进行了修改与润色。

　　本书在拟定提纲时，曾到常德、益阳等地开展实地调研，得到了地方史志部门的大力协助。撰写和修改书稿的过程中，湖南省社会科学院党组成员、副院长贺培育研究员，湖南省社会科学院历史文化研究所李斌所长、郭钦副所长先后提出了许多宝贵意见，办公室张衢主任做了许多协调、联系工作，在此一并致谢。

　　湖南是一个多水的省份，从流域文化的角度考察湖湘文化，能够为湖南地域文化研究提供一个新的视角。作为"湖南流域文化丛书"中的一部，本书的撰写是一个全新的尝试，由于时间和研究水平有限，书中多有疏漏和不当之处，敬请读者方家批评指正。

2022 年 5 月

图书在版编目（CIP）数据

澧水流域文化研究/马延炜，李超主编．--北京：
社会科学文献出版社，2022.8
　（湖南流域文化丛书）
　ISBN 978 - 7 - 5228 - 0198 - 8

　Ⅰ.①澧…　Ⅱ.①马…②李…　Ⅲ.①地方文化 - 研
究 - 湖南　Ⅳ.①G127.64

　中国版本图书馆 CIP 数据核字（2022）第 099371 号

湖南流域文化丛书
澧水流域文化研究

主　　编/马延炜　李　超

出 版 人/王利民
组稿编辑/邓泳红
责任编辑/宋　静
文稿编辑/杨言妮
责任印制/王京美

出　　版/社会科学文献出版社·皮书出版分社（010）59367127
　　　　　地址：北京市北三环中路甲 29 号院华龙大厦　邮编：100029
　　　　　网址：www.ssap.com.cn
发　　行/社会科学文献出版社（010）59367028
印　　装/三河市龙林印务有限公司

规　　格/开　本：787mm × 1092mm　1/16
　　　　　印　张：13.75　字　数：175 千字
版　　次/2022 年 8 月第 1 版　2022 年 8 月第 1 次印刷
书　　号/ISBN 978 - 7 - 5228 - 0198 - 8
定　　价/98.00 元

读者服务电话：4008918866